Stefanie Schreiber

Mit
Ferienimmobilien
Vermögen aufbauen
und Steuern sparen!

Ich danke meinen Eltern,
die vor mehr als 30 Jahren
den Grundstein für diesen Ratgeber
gelegt haben!

Stefanie Schreiber

Mit
Ferienimmobilien
Vermögen aufbauen
und Steuern sparen!

In elf Schritten zur erfolgreichen Vermietung

servitus Verlag
edition Wirtschaftsratgeber

Bibliografische Information der Deutschen Nationalbibliothek
Die Deutsche Nationalbibliothek verzeichnet diese Publikation in der
Deutschen Nationalbibliografie; detaillierte bibliografische Daten sind im
Internet über www.dnb.de abrufbar.

Covergestaltung und Buchdesign: anonymus Design
Lektorat: Nathalie Schnabel
Korrektorat: Kerstin Duchardt
Printed in Germany

ISBN 978-3-9816455-0-7

3. überarbeitete und aktualisierte Auflage Mai 2017
© 2014 servitus Verlag
www.servitus-verlag.de

Inhalt

Einleitung

Haben Sie sich in diesen wirtschaftlich schwierigen Zeiten gefragt, wie Sie Ihr Kapital ‚sicher' investieren und Vermögen aufbauen können? Haben Sie bereits sorgenvoll in die Zukunft geblickt und überlegt, ob Sie Ihren Lebensstandard im Alter auf dem gleichen Niveau halten können?

Auf den Kapitalmärkten herrscht Unsicherheit und die Renditen sind niedrig. Als zusätzliche oder ausschließliche Altersvorsorge sind Modelle wie Lebensversicherungen aus den gleichen Gründen lediglich noch bedingt attraktiv.

Wenn Sie sich die obigen Fragen bereits gestellt haben, kann die Investition in eine Immobilie Ihr Weg sein, Kapital anzulegen, Vermögen aufzubauen. Mit einem Haus oder einer Wohnung haben Sie eine vergleichsweise sichere Anlageform, mit der Sie für Ihr Alter vorsorgen können. Durch die niedrigen Zinsen, die Sie zurzeit für Baudarlehen zahlen, realisieren Sie eine attraktive Rendite. Wenn Sie aus Ihrer Immobilie ein Feriendomizil machen und es an Urlauber vermieten, können Sie damit nebenbei kräftig Steuern sparen.

Dieser Ratgeber zeigt Ihnen betriebswirtschaftlich und praktisch fundiert, wie Sie in elf Schritten den Wunsch von einem eigenen Haus mit einer erfolgreichen Ferienimmobilie verwirklichen – auch ohne Eigenkapital. Dabei werden betriebswirtschaftliche Themen wie Wirtschaftlichkeits-berechnung, Finanzierung, Vermarktung und steuerliche Aspekte ebenso behandelt wie die Auswahl und die Einrichtung der Immobilie. Sie erhalten wertvolle Informationen zu den Themen Erhaltung und Betreuung. Dies schließt Personalauswahl und –führung mit ein.

Die Vorteile gegenüber der festen Vermietung lassen sich schnell zusammenfassen: Sie können einen höheren Umsatz generieren und es bleiben trotzdem Zeiten, in denen die Immobilie nicht vermietet ist. Sie können diese Phasen zu Pflege und Werterhaltung bzw. –steigerung nutzen – und selbst als Urlaubsdomizil.

Sie schließen das Risiko, dass sich Mietnomaden einnisten aus. Kleine Schäden können zeitnah beseitigt werden.

Zur Begrifflichkeit: Es geht in diesem Ratgeber um Ferienhäuser, Wohnungen und Pensionen. Um den Schreibstil flüssig zu halten, werde ich im Folgenden überwiegend den Begriff ‚Ferienhaus' als Oberbegriff verwenden – gemeint sind genauso Wohnungen, Appartements und Zimmer, da die Unterschiede lediglich in der Bauform der Immobilie liegen.

Gleiches gilt für die Nutzung der männlichen und weiblichen Form. Ich gehe selbstverständlich davon aus, dass es Verkäufer und Verkäuferinnen und Käufer und Käuferinnen von Immobilien gibt, außerdem Bankberaterinnen und Notarinnen. Ich verwende in diesem Buch lediglich die ‚männlichen Formen' und lade gleichermaßen alle Frauen ein, sich auf das Abenteuer eigenes Haus einzulassen!

Ich wünsche Ihnen viel Spaß beim Lesen und viel Erfolg mit Ihrer Ferienimmobilie!

Stefanie Schreiber
Mai 2017

1 Auswahl der Immobilie

Da eine Immobilie eine langfristige Kapitalanlage ist, empfiehlt sich eine sorgfältige Planung und gründliche Vorüberlegung. Durch die beim Erwerb eines Hauses oder einer Wohnung anfallenden Nebenkosten lohnt sich ein Verkauf nach kurzer Zeit in der Regel nicht – umso wichtiger ist die Auswahl des Objektes. Der Steuervorteil einer vermieteten Ferienimmobilie ist nur dann nachhaltig, wenn Sie die Immobilie mindestens 10 Jahre halten – dazu mehr in Kapitel 12 zum Thema Steuern sparen.

In diesem Kapitel erfahren Sie, welche Aspekte bei der Auswahl Ihrer Immobilie entscheidend sind:

- Lage: *das* Kriterium beim Kauf einer Immobilie
  Aspekte, die speziell für ein Feriendomizil wichtig sind:
  - Lage in einer Urlaubsregion
  - Standort: zentral oder abgelegen
  - Entfernung zum eigenen Lebensmittelpunkt
- Eigene Vorliebe
- Ihr persönliches Budget
- Wohnung, Ein- und Mehrfamilienhaus
- Größe der Wohneinheit
- Alter und Beschaffenheit
  - Neubau
  - Altbau
    - Genehmigungen
    - Energie

1.1 Die Lage Ihrer Ferienimmobilie

1.1.1 Urlaubsregion, Gebiet, Umgebung

Bei der Wahl der Region, in der Sie die Immobilie erwerben, gilt: Kaufen Sie dort, wo Sie selbst gerne sind, wo Sie sich wohlfühlen!

Sie können sich mit dieser Form des Vermögensaufbaus einen Altersruhesitz schaffen, also investieren Sie in einer Gegend, in der Sie sich vorstellen können zu leben. Ich empfehle Ihnen, das Haus in einer beliebten Urlaubsregion zu kaufen, damit Sie gute Belegungszahlen realisieren und das Haus auch steuerlich anerkannt wird – dazu später mehr. Selbstverständlich können Sie eine Immobilie, die sich bereits in Ihrem Eigentum befindet, zu einem Feriendomizil machen.

Je nach Beliebtheit der Region gestalten sich die Kaufpreise der Immobilien. So müssen Sie auf Sylt, in St. Peter-Ording, in Ischgl oder in Kitzbühel mehr investieren als im Wendland oder in Taxenbach. Dafür können Sie in den Top-Gebieten höhere Mietpreise erzielen. In Kapitel 3 zeigt das Beispiel einer Wirtschaftlichkeitsrechnung, welche Faktoren in die Kalkulation eingehen. Recherchieren Sie im Vorfeld Ihrer Planung im Internet und schauen Sie, welche Mietpreise in den einzelnen Regionen erzielt werden können. In den attraktiven Urlaubsgebieten können Sie höhere Belegungszahlen – also mehr vermietete Nächte pro Jahr - realisieren. In der Nebensaison kommen ebenfalls Gäste.

Gern wird am Meer, an Seen und in den Bergen Urlaub gemacht. Letztere ziehen zusätzlich die Wintersportler an. Tendenziell weniger frequentiert sind Standorte im Binnenland, die wenig Wasser und keine Berge in der Nähe haben. Hier kommen Radfahrer, Wanderer, Vogelkundler und andere Naturliebhaber – die zentrale Frage ist hierbei: Wie groß ist Ihre Zielgruppe? Diese Frage wird an mehreren Stellen des Ratgebers ausführlich behandelt.

1.1.2   Zentral oder abgelegen

Treffen Sie diese Entscheidung nach eigener Vorliebe. Wünschen Sie sich eine zentral gelegene Stadtwohnung oder möchten Sie lieber ein Haus auf dem Land, ein bisschen abseits vom Trubel? Hier können Sie Tierbesitzern, insbesondere Urlaubern mit Hunden, ein attraktives Domizil bieten. Auch Familienurlaub wird im Sommer gern im Haus mit Garten verbracht. Ihre Gäste sind in einem Haus, das etwas außerhalb liegt, auf ein Auto angewiesen. Zahlreiche Urlauber bevorzugen kurze Wege und die Möglichkeit, auch ohne eigenen Wagen mobil zu sein – und Sie eventuell im Alter ebenfalls.

Suchen Sie sich Ihre Immobilie nach Ihrem eigenen Geschmack aus und bewerben Sie dann die richtige Zielgruppe.

1.1.3   Entfernung zum eigenen Lebensmittelpunkt

Dieser Aspekt ist aus meiner eigenen Erfahrung sehr wichtig. Meine Immobilien befinden sich in einer Entfernung von maximal 200 km zu meinem Wohnort. Ich kann in zwei Stunden vor Ort sein, meine Betreuung unterstützen oder mich im Notfall kümmern. Denken Sie in diesem Zusammenhang auch an die Erhaltung der Immobilie. Das Alter des Hauses wird hier noch Thema sein, ebenso Sanierungs- und Renovierungsarbeiten. Die Rendite sinkt erheblich, wenn Sie alle am Haus anfallenden Arbeiten durch Handwerker und andere Dienstleister ausführen lassen. Diese Form des Vermögensaufbaus und der Steuerersparnis ist für Sie besonders geeignet, wenn Sie gern handwerklich arbeiten oder zumindest bereit sind, selbst zu renovieren. Für diese Arbeiten und um zu kontrollieren, ob Ihre Vorstellungen vor Ort umgesetzt werden, sollte die Distanz zum eigenen Wohnort nicht zu groß sein.

Außerdem wollen Sie sicherlich ab und zu ein Wochenende in Ihrem eigenen Haus genießen.

1.2   Eigene Vorliebe

Die Lage ist der wichtigste Aspekt beim Kauf einer Immobilie. Behalten Sie diesen Gesichtspunkt im Hinterkopf und suchen Sie ein Haus aus, das Ihnen richtig gut gefällt. Möglicherweise benötigen Sie Zeit, um das passende Objekt zu finden. Nehmen Sie sich diese Zeit und gehen Sie keine zu großen Kompromisse ein. Die Finanzierung einer Immobilie ist ein langer Weg, der unter Umständen auch einmal beschwerlich wird. Wenn Sie ‚Ihr‘ Haus gefunden haben, nehmen Sie diese Herausforderungen gern in Kauf – es wird sich lohnen!

1.3   Ihr persönliches Budget

Dieser Punkt ist eng verzahnt mit allen Aspekten dieses Kapitels und damit die Basis für Ihre Planung. Legen Sie fest, wie viel Sie maximal an Eigen- und Fremdkapital in das Projekt investieren wollen oder können.

Sie legen mit dem Wert der Immobilie - in die Sie investieren - die Höhe des Vermögens fest, das Sie aufbauen werden. Bei einer geschickten Wahl sollte nach mehreren Jahrzehnten eine Wertsteigerung realisiert werden. Außerdem kann Ihr neuer Geschäftszweig ein mehrstufiger Prozess sein: Sie starten mit einer Immobilie. Wenn diese erfolgreich vermietet ist, können Sie in eine Zweite investieren. Ihre Verhandlungsposition bei der Bank ist bereits gestärkt, wenn Sie positive Zahlen des bereits etablierten Feriendomizils vorweisen. Dabei können Sie wieder in dem gleichen Gebiet kaufen oder sich für eine weitere Region entscheiden.

Zwei oder mehr Immobilien in einem Gebiet haben den Vorteil, dass Sie Kontrollgänge bündeln, also mit weniger Zeitaufwand erledigen. Bei Anfragen sind die Gäste oft auf eine Region festgelegt, Sie haben also Alternativen zu bieten, wenn das angefragte Domizil bereits belegt ist. Nachteilig kann es sein, wenn es in Ihrer Region zu einer Naturkatastrophe kommt – was allerdings sehr unwahrscheinlich ist.

Vielleicht reizt es Sie aber einfach, in verschiedenen Regionen ein Domizil zu besitzen. Meine Domizile befinden sich alle in Schleswig-Holstein, aber nicht in unmittelbarer Nachbarschaft. Vorteil ist hier, dass die Gäste, die mein Konzept mögen, dann oft im nächsten Jahr die andere Region ausprobieren. Entscheiden Sie also nach persönlicher Vorliebe, wenn es soweit ist.

Sprechen Sie mit ein oder zwei Banken, wie hoch der Finanzierungsrahmen ist, der Ihnen für ein Feriendomizil bewilligt wird. Stellen Sie dafür eine Beispielkalkulation auf. Dieser Ratgeber zeigt Ihnen Schritt für Schritt wie ein Business Plan aussieht.
Die Festlegung Ihres persönlichen Budgets erleichtert Ihnen die konkrete Auswahl Ihrer Immobilie.

1.4   Haus oder Wohnung

Treffen Sie diese Entscheidung nach Ihrer persönlichen Priorität, denn mit beiden Bauformen können Sie sehr erfolgreich sein. Im Folgenden werden entscheidende Aspekte bzw. Vor- und Nachteile beleuchtet.

1.4.1 Wohnung

Wohnungen erfreuen sich – gerade bei deutschen Urlaubern – großer Beliebtheit. Wichtig ist, dass sie Platz und einen gewissen Komfort bietet. Dazu gehören ein Balkon, eine Terrasse und/oder Gartenmitbenutzung.
Der große Vorteil einer Wohnung sind die geringeren Anschaffungskosten. Die Kosten für Grundstück, Dach und Heizanlage verteilen sich auf mehrere Investoren, Ihr Anteil ist somit niedriger als bei Erwerb eines Hauses.
Der Instandhaltungsaufwand und damit die Kosten fallen niedriger aus. Außenbereiche werden von einem Hausmeister oder je nach Objekt von einem Gärtner gepflegt. Die Kosten teilt sich die Eigentümergemeinschaft.
Bei einem kleineren Budget kann die Investition in eine Wohnung eine gute Wahl sein. Gleiches gilt, wenn Sie dieses Projekt als reine Kapitalanlage sehen und die Arbeiten vor Ort größtenteils delegieren wollen. Da die Kosten tendenziell niedriger sind als bei einem Haus, realisieren Sie eine höhere Rendite.

Nachteilig kann sein, dass Sie nicht allein entscheiden, wann welche Modernisierungen durchgeführt werden. Sie sind ein Teil der Eigentümergemeinschaft und können überstimmt werden. Das kann zur Folge haben, dass Sie zu einem Zeitpunkt investieren müssen, der nicht in Ihren individuellen Plan passt.
Sie können dieses Risiko verkleinern, indem Sie genaue Informationen über die Immobilie einholen. Zentrale Frage ist hierbei: Wie viele Personen entscheiden? Des Weiteren ist dieser Aspekt abhängig vom Komfort der Anlage: Gibt es eine umfangreiche technische Ausstattung wie Fahrstuhl, elektrisch betriebene Garagentore und Überwachungskameras? Hier können schnell Reparaturen notwendig werden.

Eng verknüpft ist dieser Punkt mit dem Alter bzw. dem Sanierungsstand, wenn es sich um eine ältere Immobilie handelt. Diese Aspekte werden am Ende dieses Kapitels betrachtet.

Rechtstipp

Wie Ferienimmobilien in der Städte- und Bauplanung behandelt werden, ist in Deutschland nicht einheitlich geregelt. Je nach Standort kann es unterschiedliche Genehmigungspflichten und Rechtsfolgen geben. Hintergrund ist, dass die ‚Zweckentfremdung von Wohnraum' von den Gemeinden per Verordnung unterbunden werden kann. Grundsätzlich können die Landesregierungen auf Basis des vom Bund erlassenen MietRVerbG (Gesetz zur Verbesserung des Mietrechts und zur Begrenzung des Mietanstiegs sowie zur Regelung von Ingenieur- und Architektenleistungen) einen rechtlichen Rahmen schaffen, sodass der zur Verfügung stehende Wohnraum der Bevölkerung der jeweiligen Städte zur Verfügung steht.

Unter anderem haben die Städte Berlin, Hamburg und München entsprechende Verordnungen erlassen. In Hamburg müssen Vermieter einer Ferienimmobilie eine Genehmigung zur Nutzungsänderung haben und eine Ausgleichszahlung leisten.

Bitte informieren Sie sich bei der kommunalen Bau- oder Ordnungsbehörde, wie die aktuellen Regelungen Ihrer Gemeinde aussehen.

1.4.2   Ein- und Mehrfamilienhaus

Die großen Vorteile eines freistehenden Einfamilienhauses sind die Individualität und Privatsphäre, der Platz und Freiraum – sowohl im Haus als auch im Außenbereich. Dies gilt für zahlreiche Urlauber und vielleicht ja auch für Sie! Bei einem Reihenhaus oder einer Doppelhaushälfte ist eine größere Rücksichtnahme auf die Nachbarn vonnöten. Dies gilt bei der Kaufentscheidung oder der Einrichtung einer vorhandenen Immobilie zu bedenken.

Die höheren Kosten der Anschaffung können durch höhere Mietpreise kompensiert werden, wenn Sie die Zielgruppe entsprechend festlegen.

Ein Einzelhaus ist perfekt für Gäste mit Hund - eine Zielgruppe, die immer größer wird. In der Regel sind diese Urlauber sehr dankbar, wenn sie Ihre Vierbeiner mitbringen dürfen, denn dies ist in zahlreichen Domizilen nicht möglich.

Neben den höheren Anschaffungskosten sind auch die Kosten der Instandhaltung höher, hier gilt das Gegenteil zur Wohnung. Alle Kosten müssen allein von Ihnen getragen werden.

Sie mildern diese Nachteile ab, wenn Sie in ein Doppel- oder Mehrfamilienhaus investieren. Sie haben die Kosten dann immer noch allein zu tragen, können diese jedoch auf mehrere Wohneinheiten also auf mehrere Mieteinnahmen verteilen. Ihre Rendite steigt.

Bei der Anzahl der Wohneinheiten, die sich in einem Gebäude bzw. auf einem Grundstück befinden, gilt es zwischen Kostenersparnis und Komfortverlust für die Gäste abzuwägen - für wie viele Gäste kann Erholung und Komfort geboten werden?

Dies ist im Sommer ein Thema in Bezug auf den Garten und abhängig von Ihrer Zielgruppe. Wenn Sie Familien und Hundebesitzer ansprechen, sollte ein Objekt zwei bis drei Wohneinheiten nicht übersteigen - es sei denn, Sie besitzen ein sehr großes Grundstück, das Sie in mehrere Bereiche unterteilen können. Sorgen Sie für Sicherheit für mitreisende Kinder, das kann die Wartung von Spielgeräten im Garten genauso betreffen wie die Einzäunung eines Teiches.

Wichtig bei der Vermietung an Urlauber mit Hund ist: der Garten muss eingezäunt sein.

1.5   Größe der Wohneinheit/Anzahl der Zimmer

Tendenziell vermieten sich mehrere kleine Wohnungen innerhalb eines Mehrfamilienhauses leichter als ein bis zwei Große. Wenn Ihre Gäste weitere Schlafzimmer benötigen, können sie zwei Wohnungen in einem Haus mieten. Dies schafft Privatsphäre für den gemeinsamen Urlaub mehrerer Paare oder Familien. Jede Familie hat einen eigenen Sanitärbereich und eine eigene Küche.

Mit zunehmender Zahl von Patchwork-Familien sind jedoch auch große Wohnungen oder Häuser ab drei Schlafzimmern sehr gefragt. Es ist wichtig, dass die Bäder nicht zu klein sind und idealerweise existiert ein zweites WC. Empfehlungen zu der Ausstattung und Einrichtung der Domizile erhalten Sie in Kapitel 4.

1.6 Alter und Beschaffenheit der Immobilie

Dieses Kapitel beleuchtet die Vor- und Nachteile von Neu- und Altbauten. Der erste Abschnitt befasst sich mit den Merkmalen und Herausforderungen eines Neubaus, der zweite stellt Ihnen dar, worauf Sie bei einem Altbau besonders achten sollten. Besondere Aufmerksamkeit erhalten hier die Themen Baugenehmigungen und Energie. Dazu gehört ein Exkurs ‚Energieausweis' genauso wie Tipps zur Einschätzung des Energieverbrauchs der Immobilie, die Sie im Fokus haben.

1.6.1 Neubau

Die Investition in einen Neubau ist empfehlenswert, wenn Sie mehr Kapital als Anwesenheit und Arbeitskraft vor Ort einsetzen wollen. Dabei gilt es zu entscheiden, ob Sie selbst bauen oder in ein schlüsselfertiges Haus investieren wollen. Wenn Sie lediglich ein Grundstück kaufen, sparen Sie an der Grunderwerbsteuer, doch Sie benötigen eine Menge Zeit vor Ort, um den Bau zu begleiten – sonst bekommen Sie nicht das, was Sie sich wünschen. Ein weiterer Aspekt ist, dass es wirklich Nerven kostet.

Ein schlüsselfertiges Haus kann die praktikable Alternative sein. Es braucht lediglich dekoriert und eingerichtet zu werden. Sie haben einen modernen Stand der Wärmedämmung, gute Energiewerte, eine moderne, zeitgemäße Ausstattung des Hauses in den Sanitärbereichen, die Sie selbst aussuchen können. Gleiches gilt für die Einrichtung. Die Heizanlage und weitere technische Ausstattungen sind neu. Das bedeutet Planungssicherheit. Die Wahrscheinlichkeit, dass in den ersten Jahren große Reparaturen auf Sie zukommen, ist gering. Sie haben Garantien auf bestimmte Komponenten, wie zum Beispiel die Heizung, möglicherweise auf das gesamte Haus – dies ist abhängig von dem Bauunternehmen. Es empfiehlt sich, mit einem gesunden, etablierten Unternehmen zusammen zu arbeiten.

Nach der Einrichtung des Hauses können Sie mit der Vermietung beginnen und werden jahrelang kaum außerordentliche Arbeiten vor Ort haben.

Voraussetzung hierfür ist, dass Sie gern einen Neubau haben möchten – und dass Ihr Budget diese Investition zulässt. In der Regel hat ein Neubau einen höheren Anschaffungspreis. Es entfallen jedoch Sanierungs- und Umbaukosten – die Sie auf der anderen Seite über mehrere Jahre verteilen können, wenn Ihr Budget nicht so groß ist.

Fazit
Es ist ein Rechenexempel und von Ihren persönlichen Vorlieben und zeitlichen und finanziellen Möglichkeiten abhängig.

1.6.2   Altbau

Sollte Ihnen der Gedanke, selbst zu bauen, mit zu vielen Unsicherheiten in Bezug auf den Zeitpunkt der Fertigstellung und die Einhaltung des Budgets verbunden sein, können Sie ein bereits fertig gebautes Haus kaufen. Wenn ein schlüsselfertiger Neubau Ihr Budget überfordert, können Sie ein ‚gebrauchtes' Haus erwerben.
Der Begriff ‚Altbau' umfasst dabei zahlreiche unterschiedliche Varianten bezüglich des Alters, der Beschaffenheit und sogar der Art des Kaufs, die sich auf den Kaufpreis auswirken und Thema dieses Abschnitts sind. Hier ein paar Beispiele

- o   Schönes, sehr altes Haus in landestypisches Bauart mit entsprechendem Charme
- o   Sehr preiswertes, sanierungsbedürftiges Haus
- o   Solides Haus 20 – 40 Jahre alt
- o   Haus aus Zwangsversteigerung

Der Begriff ‚alt' wird an dieser Stelle völlig wertfrei genutzt – quasi als Umkehrschluss: alles, was nicht neu ist.
Da Immobilien mit hohen Nebenkosten erworben werden, lohnt sich der rasche Wiederverkauf in der Regel nicht. Somit werden Sie selten ein Haus angeboten bekommen, das erst zwei bis drei Jahre alt ist und damit noch so gut wie neu.

Bei dem Kauf einer älteren Immobilie ist entscheidend, dass die Bausubstanz gesund ist. Wenn Sie unsicher sind, kann es sich lohnen, einen Sachverständigen zu beauftragen, bevor Sie den Vertrag unterschreiben.

Ist dies gegeben, gilt es in Erfahrung zu bringen, wie die energetischen Werte der Immobilie sind. Hier können hohe Folgekosten entstehen. Alle Fragen rund um Energie werden in Kürze in einem separaten Abschnitt gebündelt behandelt, auch die Notwendigkeit eines Energieausweises wird thematisiert.

Vorher geht es um den Sanierungsbedarf, der optische Aspekte betrifft. Für die Vermietung sind insbesondere moderne, saubere Badezimmer wichtig. Ansonsten gilt es abzuwägen, was sofort erneuert werden muss und was zusammen mit den Kosten auf die nächsten Jahre verteilt werden kann.

Bei dem Alter des Hauses empfehle ich Ihnen, sich vor dem Kauf darüber Gedanken zu machen, inwieweit die eigenen handwerklichen Fähigkeiten und die Lust am Gestalten und Renovieren der Räume in das Projekt eingehen sollen – dies wird auch salopp als ‚Muskelhypothek‘ bezeichnet. Ein sehr altes Haus in landestypischer Bauart, das 200 oder sogar 300 Jahre alt ist, hat einen ganz besonderen Charme. Es kann sich um eine alte Schule, eine Mühle, ein sehr großes Haus oder einfach um ein kleines Häuschen handeln. Der Blick auf die Bausubstanz ist hier besonders wichtig. Es haben bereits zahlreiche Generationen an dem Haus gebaut. Dabei kann leider auch sehr viel falsch gemacht worden sein. Durch unsachgemäße Wärmedämmung kann sich Schimmel und Feuchtigkeit entwickeln, der dem Haus großen Schaden zufügt.

Außerdem kann viel verbaut worden sein, was Sie im Laufe der Jahre wieder rückgängig machen müssen.

Der Preis wird von dem Sanierungsstatus beeinflusst.

Ein Schnäppchen können Sie machen, wenn Sie ein stark sanierungsbedürftiges Haus finden, das z.B. auf einem attraktiven Grundstück mit altem Baumbestand steht. Wenn Sie viel Eigenleistung einbringen wollen oder eine Handvoll sehr guter und günstiger Handwerker kennen, können Sie preiswert zu Ihrer Traumimmobilie kommen.

Je älter ein Haus ist, desto kritischer sind die energetischen Aspekte zu beäugen und vermutlich nachzuarbeiten, damit sie auf den heutigen Standard kommen. Die optischen Gesichtspunkte werden nach 20 Jahren relevant. Küche und Bad unterliegen der Mode. In einem Ferienhaus sollte ein 20 bis 30 Jahre altes Bad erneuert werden.
Legen Sie Ihre persönlichen Eckdaten fest und durchforsten Sie den Immobilienmarkt. Das Angebot ist groß und es gibt Objekte in jeder Lage, Beschaffenheit, Preisklasse und Größe.

Nicht unerwähnt lassen möchte ich die Option, ein Haus durch eine Zwangsversteigerung sehr günstig zu erwerben. Manch einer mag dabei Skrupel haben, weil der Verkäufer in die missliche Lage geraten ist, seinen Zahlungsverpflichtungen nicht mehr nachkommen zu können. Wenn Sie dabei das Gefühl haben, sich auf Kosten eines anderen zu bereichern und Sie sich damit nicht wohlfühlen, dann überblättern Sie diesen Abschnitt.
Wenn Sie sich dafür interessieren, seien Ihnen folgende Informationen mit auf den Weg gegeben:
In den meisten Fällen wird die zu versteigernde Immobilie von einem Makler angeboten. Den Auftrag dazu hat die Gläubigerbank des Eigentümers gegeben, diese trägt dann auch die Kosten des Maklers. Für den Erwerber des Hauses ist die Dienstleistung des Vermittlers also ausnahmsweise kostenfrei. Dies gilt nicht nur im Falle der erfolgreichen Ersteigerung, der Makler steht bereits im Vorfeld und beim Termin beratend zur Verfügung.

Die Versteigerung findet beim Amtsgericht des jeweiligen Bezirks statt. Hier kann in der Regel ein Verkehrswertgutachten eingesehen werden.

Tipp

Bitte Vorsicht bei Immobilien, die noch von den Eigentümern bewohnt werden. Oftmals kooperieren diese nicht. In diesen Fällen ist nicht einmal eine Besichtigung möglich.

Was jedoch noch schwerer wiegt: Es kann passieren, dass sie sich nach erfolgter Versteigerung des Objektes weigern auszuziehen und dass Sie dies mit einem Räumungsbescheid erzwingen müssen. In Ballungsgebieten kann es bis zu neun Monate dauern, bis Sie diesen Titel haben. In dieser Zeit kommen Sie nicht in Ihr frisch erworbenes Haus und haben keinen Einfluss darauf, wie Ihre Immobilie in dieser Zeit behandelt, schlimmstenfalls verwohnt oder mutwillig beschädigt wird. Gleichzeitig müssen Sie die laufenden Zahlungen für die Hypothek der Immobilie leisten, können sie aber noch nicht nutzen.

1.6.2.1 Genehmigungen

Alte Häuser haben meist schon einige Male den Eigentümer gewechselt. Es wird gebaut und verschönert. Nicht selten kommt es vor, dass ein Dachausbau nachträglich vorgenommen wird – manchmal aus Unwissenheit ohne Genehmigung. Wenn Sie solch ein Haus kaufen, können hohe Folgekosten entstehen.

Erfahrung aus der Praxis:
Mit der folgenden Herausforderung wurde ein Paar konfrontiert, das in ein Doppelhaus aus dem 19. Jahrhundert investiert hatte. Sie vermieteten bereits über 10 Jahre sehr erfolgreich. Das Haus befand sich zu Beginn der Ereignisse in überwiegend saniertem Zustand, die meisten Gäste waren sehr zufrieden, es gab eine Menge Wiederkehrer und Stammgäste.
Im Sommer hatte es einen sehr unzufriedenen Gast gegeben, doch das schien geregelt und erledigt zu sein. Im darauffolgenden Herbst erhielt das Paar jedoch ein Schreiben von der zuständigen Baubehörde mit dem

Wunsch einer Ortsbegehung. Der Gast hatte diverse Mängel gemeldet, diese sollten überprüft werden.

Bei dieser Besichtigung stellte sich heraus, dass der Großteil der vorgetragenen Mängel jeglicher Grundlage entbehrte, der Gast hatte gelogen. Ein paar Kleinigkeiten konnten mit geringem Aufwand nachgebessert werden. Doch die Erleichterung der Eigentümer war lediglich von kurzer Dauer. Sie wurden informiert, dass es für das Haus keinerlei Unterlagen gäbe. Das ist bei einem Haus, das schätzungsweise zwischen 1850 und 1875 errichtet wurde, nicht ungewöhnlich. Doch bei Häusern, die zu dieser Zeit gebaut wurden, war die Hälfte in der Regel Wirtschaftsgebäude bzw. Stall. Sowohl für die zweite Haushälfte als auch für die Dachgeschosse gab es keine Baugenehmigung und die Treppen nach oben erfüllten nicht die Normen, die für die Vermietung ausreichend Sicherheit boten.

Die Vermietung wurde bis auf Weiteres untersagt. Das Paar musste mit Hilfe eines Architekten einen Bauantrag auf Nutzungsänderung der zweiten Wohneinheit und Nachgenehmigung der Dachausbauten stellen. Außerdem war der Einbau von zwei neuen Treppen notwendig. Diese Baumaßnahme zog relativ große Kreise, es mussten Wände und Türen versetzt werden, um ausreichend Platz für größere Treppen zu schaffen. Insgesamt fielen Kosten in Höhe von 30.000 Euro an.

Das Paar hatte sich beim Kauf keinerlei Dokumente vorlegen lassen. Das Haus wurde bereits als Ferienhaus genutzt, auch die Dachgeschosse waren fertig gestellt. Doch hier gibt es kein Gewohnheitsrecht! Wenn Ihnen das Bauamt die Nutzungsänderung nicht bewilligt, können Sie nicht weiter vermieten.

Es gab ein positives Ende, denn in diesem Fall wurden die Vermietung an Feriengäste und die Dachausbauten nachgenehmigt.

Meine dringende Empfehlung
Lassen Sie sich vor Unterzeichnung des Kaufvertrages alle Baugenehmigungen vorlegen und informieren Sie sich über die Normen von Treppen. Bitte schauen Sie dafür in die Bauordnung Ihres Landes, fragen Sie einen Architekten oder Sachverständigen.

Es kann Ausnahmegenehmigungen geben. Fragen Sie bei der zuständigen Behörde nach, ob eine Nutzung als Ferienhaus möglich ist. Wenn der Makler dieses zusagt, lassen Sie es sich schriftlich geben!

1.6.2.2   Energieausweis

Das Thema Energieverbrauch hat mit den steigenden Kosten der letzten Jahre einen immer größeren Stellenwert bekommen. Neue moderne Häuser sind bestens gedämmt und isoliert, bei alten Häusern kann viel Energie schlecht genutzt verbraucht werden.
Um den Energieverbrauch von Wohnhäusern weiter zu senken, hat die Bundesregierung in Deutschland zum 01. Oktober 2009 den Energieausweis eingeführt. In der Energieeinsparverordnung (ENEV) sind Ausstellung, Verwendung und Grundsätze geregelt. In Österreich wurde das Bundesgesetz über die Pflicht zur Vorlage eines Energieausweises beim Verkauf oder und bei der In-Bestand-Gabe von Gebäuden und Nutzungsobjekten (Energieausweis-Vorlage-Gesetz – EAVG) eingeführt. Es gilt seit dem 01. Januar 2008 für Neubauten und wurde ein Jahr später auch für Altbauten Pflicht. In der Schweiz gibt es den Gebäudeenergieausweis der Kantone (GEAK) seit August 2009, geregelt durch das schweizerische Energiegesetz (EnG).

In Deutschland hat der Energieausweis bisher wenig Beachtung gefunden. Seit 2013 drohen nun Bußgelder in Höhe von bis zu 15.000 Euro. Es ist also für den Immobilienerwerb im Allgemeinen ein wichtiges Thema, bietet allerdings eine Fülle von Informationen, die den Rahmen dieses Ratgebers sprengen würden. Der Energieausweis hat für die Vermietung von Ferienimmobilien keine Relevanz, da Vermieter ihren Feriengästen laut Bundesbauministerium keinen Energieausweis vorlegen müssen.
Im Anhang finden Sie Weblinks der entsprechenden Länder mit umfassenden Informationen. Über die Seite des Bundesministeriums in Deutschland können Sie außerdem die Broschüre ‚Energieausweis für Gebäude - nach Energieeinsparverordnung (EnEV 2009)' bestellen oder downloaden.

Bekommen Sie beim Kauf der Immobilie keinen Ausweis vorgelegt, können Sie über die Abrechnungen der Heizkosten den Energiebedarf der Immobilie einschätzen. Es ist lediglich ein Richtwert, da das Heizverhalten der Menschen unterschiedlich ist, aber eine grobe Einstufung ist möglich. Auch das Alter der Heiztherme oder des –kessels ist eine wichtige Information. Eine alte Anlage ist nicht energieeffizient und muss unter Umständen in absehbarer Zeit erneuert werden. Ein gutes Argument, um den Kaufpreis der Immobilie noch ein wenig reduzieren zu lassen.

Hinzu kommt die Austauschpflicht für alte Heizkessel nach EnEV 2014: Am 16. Oktober 2013 hat die Bundesregierung eine Novelle der Energieeinsparverordnung verabschiedet. Demnach greift ab 2015 die Austauschpflicht für alte Heizkessel ab 1985. Geräte, die demnach zu diesem Zeitpunkt älter als 30 Jahre sind, dürfen somit nicht mehr verwendet werden. Insbesondere betroffen sind Sie bei dem Kauf eines Hauses mit einer alten Heizanlage. Es gibt einige Ausnahmen, ein Fachbetrieb zum Heizungsbau oder Ihr Schornsteinfeger kann Sie beraten.

Zusammenfassende Empfehlung
Eine Immobilie ist eine langfristige Investition. Ihr Kauf sollte gut überlegt und vorbereitet sein. Das Internet mit seinen Immobilienplattformen und Ferienportalen bietet umfassende Informationen, die die Entscheidung erleichtern kann. Weiterführende Weblinks finden Sie im Anhang.

Berechnen Sie die Wirtschaftlichkeit, aber entscheiden Sie sich für die Immobilie auch mit dem Herzen und nach Ihrem Bauchgefühl. In der Regel wird das Haus oder die Wohnung Sie über eine lange Zeit begleiten.

Kompakte Zusammenfassung des ersten Schrittes

Auswahl der Immobilie	Neben objektiven Kriterien wie Lage, Größe und Beschaffenheit muss die Immobilie zu Ihren persönlichen Aspekten wie Vorliebe, Budget und Lebensmittelpunkt passen.
	Sie haben grundlegende Entscheidungen zwischen - Haus oder Wohnung - Ein- oder Mehrfamilienhaus - Neu- oder Altbau zu treffen, die jeweils unterschiedliche Vor- und Nachteile mit sich bringen.
	Für das Gebäude selbst und nachträgliche Aus- und Umbauten sollten alle Genehmigungen vorliegen. Je nach Region benötigen Sie für den Betrieb einer Ferienimmobilie eine Genehmigung in Form einer Nutzungsänderung.
	Der Energieverbrauch eines Gebäudes kann einen großen Kostenfaktor darstellen. Für viele Immobilien liegt noch kein Energieausweis vor. Lassen Sie sich die Verbrauchsabrechnungen insbesondere für die Heizung vorlegen – Sie haben damit einen aussagekräftigen Richtwert für die Energieeffizienz des Hauses.

2 Wirtschaftlichkeitsberechnung – Business Plan

Soll die Immobilie dem Vermögensaufbau dienen oder eine Anlagemöglichkeit für Ihr Kapital sein, ist eine sorgfältige Planung und eine Rechnung der Wirtschaftlichkeit wichtig. Das Ziel sollte sein, dass Sie mit den Mieteinnahmen Ihres Ferienhauses so viel wie möglich von den Kosten decken. Eine Gewinnerzielung über die Abschreibung hinaus ist nicht notwendig, da Sie neben dem Vermögensaufbau Steuern sparen wollen. Wenn die Immobilie schließlich bezahlt ist, wird sie einen Überschuss erwirtschaften, der einen Teil Ihrer Versorgung im Alter sichern kann.

In diesem Kapitel erfahren Sie, welche Ausgaben Sie zu Beginn dieser Unternehmung haben und welche Kosten monatlich über die Laufzeit der Finanzierung anfallen. Dagegen stehen die Einnahmen aus den Mietzahlungen Ihrer Gäste.

Zuerst ermitteln Sie Ihren Finanzierungsbedarf, also die Summe, die Sie für den Kauf und die Einrichtung des Hauses benötigen. Hinzu kommen die Anlauf- und Werbungskosten. In Kapitel 5 wird die Vermarktung Ihres Ferienhauses beschrieben, aus den dort aufgeführten Komponenten können Sie Ihren Werbeetat errechnen.

In Kapitel 3 finden Sie Informationen über verschiedene Finanzierungsmodelle und deren Vor- und Nachteile – steuerlich und unter anderen Aspekten. Es werden Themen wie Eigenkapitalanteil und Laufzeiten behandelt.

An nachfolgendem Beispiel eines Doppelhauses, das in einem beliebten Feriengebiet an der Ostseeküste in Schleswig-Holstein steht, werden die Kosten aufgeführt, die Sie kalkulieren sollten.

2.1   Finanzierungsbedarf für Ihre Ferienimmobilie

In der nachstehenden Tabelle sind die Kosten Ihrer Kalkulation für den Kauf einer Immobilie und deren Einrichtung zusammengestellt. Nicht enthalten sind Werbe- und Anlaufkosten, die aus Eigenkapital bezahlt werden. Im Anschluss an diese Aufstellung finden Sie Ausführungen zu den einzelnen Positionen.

Position	Betrag
Kaufpreis des Hauses	320.000,- €
incl. Einbauküchen	(30.000,- €)
Nebenkosten	
Makler* 6,25% incl. Steuer	20.000,- €
Notar** 1,5%	4.800,- €
Grunderwerbsteuer*** 6,5%	18.850,- €
Sanierungs- und Renovierungskosten	10.000,- €
Umlaufvermögen also Einrichtung des Hauses: Möbel, Elektrogeräte und Geschirr etc.	25.000,- €
Reserve (individuell festzulegen, je nach Zustand der Immobilie)	3000,- €
Summe	401.650,- €

Tabelle 1: Finanzierungsbedarf

*übliche Provisionssätze für den Makler:
Deutschland: Bei privaten Immobilienverkäufen in der Regel zwischen 3 und 6% des Kaufpreises, zzgl. der gültigen Mehrwertsteuer, also 19%
Österreich: Die Courtage für den Makler liegt netto bei 3 bis 4% zzgl. 20% MwSt., abhängig vom Wert der Immobilie, Käufer und Verkäufer zahlen in der Regel jeweils die Hälfte.
Schweiz: 1 bis 5% des Kaufpreises, Verhandlungssache, die Makler-provisionen werden ausschließlich von den Verkäufern bezahlt, Sie haben also als Käufer keine Kosten – vielleicht später, wenn Sie das Haus wieder verkaufen!

**Notargebühren
Deutschland: Die Kosten dafür betragen 1,0 bis 1,5% des Kaufpreises, die in der Regel der Käufer trägt.

Österreich: Notargebühren 1,8% des Kaufpreises

Schweiz: Die öffentliche Beurkundung des Kaufvertrags erfolgt durch Notare, Gemeindeschreiber, Grundbuchverwalter oder öffentlich bestellte Rechtsanwälte. Die Kosten sind je nach Kanton unterschiedlich hoch, in der Regel teilen sich Verkäufer und Käufer die Kosten hälftig. Die Notarkosten sind derzeit (Stand 2016) in den Kantonen Wallis, Genf, Bern und Tessin am höchsten, in den Kantonen Schwyz, Appenzell Ausserrhoden, Schaffhausen und Zug am niedrigsten. Zusätzliche Kosten können durch das Erstellen eines Schuldbriefs entstehen, den die Bank des Käufers als Sicherheit verlangt.

***Die Grunderwerbsteuer

In Deutschland fällt sie beim Kauf eines Grundstücks an. Die Höhe ist Ländersache und beträgt zwischen 3,5 und 6,5% der Bemessungsgrundlage, also den Preis für das Grundstück und die Immobilie, nicht aber für bewegliches Inventar. Wenn Sie ein Haus mit einer Einbauküche, Möbeln oder einem Kaminofen kaufen, kann der Betrag - der Bemessungsgrundlage für die Steuer ist - etwas niedriger als der Kaufpreis sein. Hierfür wird im Kaufvertrag, der durch den Notar beglaubigt wird, eine – realistische – Summe für das Inventar eingetragen. Bitte beachten Sie dabei, dass gebrauchte Möbel keinen großen Wert haben.

In Schleswig-Holstein beträgt die Grunderwerbsteuer im Jahr 2017 6,5% – diese Zahl wird in der Beispielrechnung verwendet.

In Österreich beträgt der Steuersatz grundsätzlich 3,5%. (2016). Es gibt Ausnahmeregelungen. Bitte fragen Sie beim Finanzamt oder Ihren Steuerberater. Zusätzlich fällt für den Grundbucheintrag 1,1% des Kaufpreises an. Für den Eintrag einer Hypothek werden zusätzlich 1,2% des Pfandrechts fällig.

In der Schweiz ist dies die sogenannte Handänderungssteuer. Sie ist kantonal geregelt, in einigen Kantonen gibt es lediglich eine Grundbuchgebühr, in anderen eine Gemengsteuer, die Kantone Zürich und Schwyz erheben keine Handänderungssteuer oder vergleichbare Gebühren. Sogar die Zahlungspflicht ist in der Schweiz unterschiedlich geregelt, je nach Kanton zahlt der Erwerber oder der Veräußerer, manchmal beide. Bitte informieren Sie sich bei entsprechenden Stellen, welche Regelung Sie betrifft.

Es folgt die Berechnung der einzelnen Positionen aus der obigen Tabelle.

2.1.1   Kaufpreis des Hauses

Der Kaufpreis des Hauses beträgt 320.000,- €. Ich gehe davon aus, dass Sie gut verhandelt haben! Den ursprünglichen Preis aus dem ersten Angebot sollten Sie bei einer Immobilie in dieser Preisklasse um mindestens 15.000,- € reduziert haben. Wenn sich nun Inventar in dem Haus befindet, also bewegliche Güter wie Einbauküchen, Möbel oder Kaminöfen, sollte dieses im Kaufvertrag vermerkt werden. Sie brauchen auf diesen Betrag in Deutschland keine Grunderwerbsteuer zahlen.

2.1.2   Kauf-Nebenkosten

Bei jedem Immobilienkauf fallen zwangsläufig Nebenkosten an. In der Regel sind dies Maklerprovision, Notarkosten und Grunderwerbsteuer. Im Detail:

2.1.2.1   Makler

Vielleicht haben Sie Glück und finden Ihr Traumhaus ganz ohne Makler. Möglicherweise hat ein privater Verkäufer sein Haus im Internet oder in der Zeitung annonciert und Sie einigen sich so. Dann sparen Sie eine nicht unerhebliche Summe. Oftmals wird jedoch für den Verkauf eines Hauses ein Makler engagiert und dann ist im Erfolgsfall eine Provision fällig. Auch hier können Sie verhandeln – mit dem Verkäufer, dass er einen Teil der Provision übernimmt oder mit dem Makler selbst. Steht ein Haus bereits länger zum Verkauf, sind ihre Chancen für eine erfolgreiche Verhandlung sicher gut. Dies kann bei einem Haus, das für die Vermietung an Feriengäste ausgesucht wird, leicht der Fall sein. Es handelt sich vielleicht um ein Liebhaberobjekt, das als fester Wohnsitz nicht so gut geeignet ist – für Ihre Zwecke dann umso mehr.

In der Beispielrechnung werden 6,25% incl. Mehrwertsteuer zugrunde gelegt. Die Basis für die Berechnung dieser Provision ist der Kaufpreis, also 320.000,- €.

Brutto-Provision: 320.000,- € x 0,0625 = 20.000,- €

Diese Summe erscheint Ihnen vielleicht recht hoch und Sie überlegen, was Sie mit diesem Geld alles in Ihrem schönen, neuen Haus hätten anfangen können. Verständlich, aber in Deutschland wird ein Makler erst im Erfolgsfall bezahlt. Salopp ausgedrückt: Der Letzte zahlt die Zeche.

Bis er die Immobilie verkauft hat, hat er Aufwand für Besichtigungen, Erstellung von Unterlagen und direkte Kosten für das Schalten von Anzeigen etc. – und dafür geht er in Vorleistung.

Kalkulieren Sie diesen Posten genauso ein wie die Grunderwerbsteuer, an der Sie auch nichts ändern können. Und bedenken Sie: vielleicht hätten Sie das Haus ohne die Dienstleistung des Maklers nicht gefunden oder der Kauf wäre nicht zustande gekommen. Der Makler ist auch ein Mittler zwischen den Vertragsparteien.

Natürlich können Sie selbst einen Makler beauftragen, Ihnen Ihre Immobilie nach Ihrem Anforderungsprofil zu suchen. Stellen Sie die gewünschten Kriterien wie Lage, Größe und Preisklasse zusammen und lassen Sie sich von dem Makler geeignete Objekte vorschlagen. Es ist abhängig von Ihrer verfügbaren Zeit und Ihrer Ambition, sich mit der Suche aktiv zu beschäftigen. Da Sie bei den Immobilienportalen im Internet jedoch sogenannte Suchagenten schalten können, müssen Sie sich nicht jedes Angebot anschauen, das neu eingestellt wird. Sie können Ihre Kaufaspekte eingeben und brauchen sich im Anschluss lediglich Angebote anzuschauen, die auf Ihr Profil passen. Die Benachrichtigung per eMail erhöht den Komfort.

2.1.2.2   Notargebühren

Auch die Notargebühren sind ein Muss. In Deutschland wird der Kaufvertrag einer Immobilie notariell beurkundet. Der Notar veranlasst die Einträge in das Grundbuch – eine sehr wichtige Angelegenheit, um die Sie sich nicht selbst zu kümmern brauchen. Der genaue Eigentums-übergang wird in dem Kaufvertrag festgelegt – an diesem Tag ist der Kaufpreis fällig und der Schlüssel wird übergeben.

In der Beispielrechnung werden 1,5% des Kaufpreises veranschlagt. Die sogenannte Auflassung ist mittlerweile Standard. Das ist eine Vormerkung im Grundbuch, da durch den Kaufvertrag nicht automatisch der Eigentumswechsel erfolgt – geregelt in § 925 BGB. Das Grundbuch ist dann bis zum endgültigen Eintrag der Käufer blockiert. Dies verhindert auch Missbrauch.

Es entstehen Kosten in Höhe von 1,5% vom Kaufpreis für den Notar und die Grundbucheintragungen:

Notarkosten: 320.000,- € x 0,015 = 4.800,- €

2.1.2.3   Grunderwerbsteuer

Diese Rechnung erhalten Sie ungefähr einen Monat nach der notariellen Beurkundung des Kaufvertrages von dem Finanzamt der Region, in der Ihr Haus steht. Sie sollte umgehend überwiesen werden. Erst wenn die Zahlung eingegangen ist, erteilt die Behörde die sogenannte ‚Unbedenklichkeitsbescheinigung'. Sie ist Voraussetzung für die Eintragung in das Grundbuch.

Interessant ist ergänzend zu obigen Ausführungen: Bei einem bereits gebauten Haus zahlen Sie die Grunderwerbsteuer auf den Kaufpreis von Haus und Grundstück. Preiswerter wird dies, wenn Sie lediglich ein Grundstück kaufen. Sie zahlen die Steuer und bauen erst dann das Haus. Dies ist ein finanzieller Anreiz für den Neubau von Immobilien. Im Beispiel werden 6,5% auf den Kaufpreis abzüglich der 30.000,- € für das Inventar fällig, also:

Grunderwerbsteuer: 290.000,- € x 0,065 = 18.850,- €

2.1.2.4   Sanierungs- und Renovierungskosten

Bei der Kalkulation dieser Kosten ist die zentrale Frage: Wer macht's?

Wenn Sie selbst handwerklich begabt und motiviert sind, können Sie viel Geld sparen. Wenn Sie für jede Kleinigkeit einen Handwerker bezahlen müssen, kann das ganze Projekt teuer, vielleicht sogar unrentabel werden. Das hängt entscheidend von dem Alter und Zustand der Immobilie ab. Doch selbst wenn Sie ein neues oder relativ neues Haus kaufen: Bis die letzte Rate bezahlt ist, dauert dieses Abenteuer zwanzig bis dreißig Jahre. So lange halten die wenigsten Dinge in einem Haus. Außerdem werden Sie renovieren müssen. Über die Renovierungszyklen erfahren Sie mehr in Kapitel 9.

Für die meisten Bauherren ist es sinnvoll, einen Mittelweg zu gehen. Sie vergeben bestimmte Tätigkeiten grundsätzlich an Handwerker - anderes bringen sie als Eigenleistung ein.

Vorsicht! Bauen kann süchtig machen.

Für das Beispiel werden 10.000 Euro eingeplant, da sich das Haus in saniertem Zustand befindet und vor Vermietungsbeginn lediglich renoviert werden soll. Eine Kalkulation können Sie über Angebote von Handwerkern und Einkaufslisten für den Baumarkt erstellen.

Die Zeit, die Sie selbst einbringen, geht in diese Rechnung nicht mit ein. Rein betriebswirtschaftlich gesehen ergibt dies ein leicht schiefes Bild – ist jedoch übliche Praxis. Insgesamt geht diese Rechnung auf.

Da die meisten Ferienhäuser Saisonbetriebe sind, kommt zum Ausgleich immer wieder die gut vermietete Zeit, in der handwerklich kaum etwas zu tun ist. Diese Zeit werden Sie genauso genießen.

2.1.2.5   Einrichtung des Hauses

Das Beispielhaus ist leer – bis auf die beiden Einbauküchen, die gebraucht, aber in gutem Zustand sind. Es müssen Möbel, Elektrogeräte, Bettdecken, Geschirr etc. angeschafft werden.

Übersichten und Empfehlungen, die Ihnen die Kalkulation dieser Position erleichtern, erhalten Sie in Kapitel 4. In diesem Beispiel werden für die Einrichtung des Hauses kalkuliert: 25.000,- €

2.1.2.6   Reserve

Egal wie gut Sie kalkulieren, es wird beim Bauen immer teurer. Planen Sie Reserve ein, dann ist es entspannter! Für das Beispiel werden lediglich veranschlagt:

Reserve: 3.000,- €

Wenn Sie alle Positionen der Tabelle zusammenrechnen, haben Sie den Betrag, den Sie benötigen, um dieses Projekt mit der auserwählten Immobilie zu starten.

Der Kapitalbedarf beträgt: 401.650,- €

Für den Start wird ein Werbeetat aus Eigenkapital benötigt. Eine weitere Position können Anlaufkosten sein. Dieses ist abhängig von dem Zeitpunkt der Hausübergabe, dem Sanierungs- und Renovierungsbedarf, also auch der benötigten Zeit und dem Start der Saison.

Zu dem Beispiel:

Sie kaufen ein Doppelhaus an der Ostseeküste von Schleswig-Holstein. Der Zeitpunkt der Übergabe ist der 01. Februar. Sie planen für die Renovierungs- und Einrichtungsarbeiten drei Monate ein.

Selbstverständlich ist an der Ostsee im Sommerhalbjahr die Hauptsaison mit dem Hauptumsatz. Wenn Sie Ihr Domizil attraktiv gestalten, verlängern Sie die kurze Saison an der Ostseeküste. In der Nebensaison und in den Wintermonaten locken Sie Urlauber mit einen Kamin oder einer Sauna im Haus. Der Jahreswechsel ist ebenfalls eine beliebte Reisezeit.

Vermietungsstart ist der 1. April, wenn der Zeitplan eingehalten wird. Das ist ein gutes Timing, die ersten Gäste an der Ostsee kommen zu Ostern - richtig beginnt die Saison im Mai. Damit die Vermarktung des Hauses gestartet werden kann, brauchen Sie schnell Innenfotos. Wenn Sie früh und geschickt vermarkten, bedeutet dies Buchungen und Voraus-zahlungen – möglicherweise bereits vor Vermietungsbeginn. Dazu mehr in den Kapiteln 5 und 6.

Zurück zu den Anlaufkosten. In den Monaten der Renovierung werden meist noch keine Einnahmen realisiert, aber bereits Ausgaben – auch für die Finanzierung des Hauses. Es ist sinnvoll Eigenkapital bereitzuhalten und das bei der Festlegung des Fremdkapitalbedarfs zu berücksichtigen. Dieser Aspekt wird im nächsten Kapitel vertieft.

Bevor es um Finanzierungsformen, Zinssätze und Laufzeiten geht, wird die Einnahmeseite betrachtet. Es ist notwendig, eine Umsatzschätzung aufzustellen. Über dieses Ergebnis können Sie dann eine Entscheidung treffen, wie Sie finanzieren wollen und welchen Betrag Sie monatlich für die Finanzierung des Hauses aufbringen können.

2.2   Einnahmeseite als Basis für die Umsatzschätzung

Der Umsatz setzt sich bei Ihrem Ferienhaus aus zwei Komponenten zusammen:

Mietpreis x belegte Nächte

Das klingt einfach und ist es auch. Nicht so einfach ist, den Umsatz abzuschätzen, bevor Sie mit dem Geschäft angefangen haben. Es geht noch einen Schritt weiter zurück. Sie benötigen die Umsatzschätzung bevor Sie die Immobilie kaufen, denn sie ist ein wichtiger Bestandteil Ihres Businessplans, den Sie der finanzierenden Bank vorlegen. Ohne eine realistische (!) Umsatzschätzung wird Ihr Projekt Vermögensaufbau mit erfolgreicher Vermietung eines oder mehrerer Ferienhäuser nicht funktionieren.

In diesem Kapitel erfahren Sie, welche Kriterien den Mietpreis beeinflussen, wo Sie recherchieren können, was Ihre Konkurrenz macht und wie viele Nächte Sie im Jahr vermieten können.

2.2.1   Preisgestaltung

In der Regel ist die Vermietung einer einzelnen Ferienwohnung oder eines Hauses in Deutschland reine private Vermögensverwaltung und somit keine gewerbliche Tätigkeit. Sie brauchen kein Gewerbe anzumelden. Das Finanzamt erfährt über Ihre Geschäft über die Steuererklärung Anlage V. Die Mietpreise sind in der Regel frei von Umsatzsteuer. Ausnahmen gelten, wenn Sie bereits in Ihrer Haupttätigkeit gewerblich bzw. freiberuflich tätig und umsatzsteuerpflichtig sind. Diese werden im Kapitel 11 erläutert. Hier werden die Preise ohne Umsatzsteuer ermittelt. Die zentralen Fragen des Abschnitts lauten:

o   Welche Faktoren beeinflussen Ihre Mietpreise?
o   Wie legen Sie realistische Preise fest?

Es gilt folgenden Konflikt zu lösen: Die Übernachtungen sollten nicht zu teuer sein, sonst buchen die Urlauber beim Wettbewerb. Sie dürfen auch nicht zu preiswert sein, dann werden Ihre Kosten nicht gedeckt.

Sicherlich ist Ihnen aufgefallen, dass ich von Mietpreisen schreibe, d.h. selbst wenn Sie lediglich eine Wohneinheit vermieten, haben Sie mehrere Preise für die verschiedenen Saisonzeiten.

Es gibt die grobe Einteilung in Haupt- und Nebensaison. die von dem Standort der Immobilie abhängig ist. Daneben gibt es die Zeiten, in denen kaum Urlauber kommen. Sie können hierfür mit Sonderpreisen für lange Aufenthalte oder mit Schnupperwochenenden locken. In diesem Zusammenhang wird das obige Beispiel wieder aufgegriffen, um eine Preisgestaltung für das Haus zu entwerfen.

Folgende Kriterien beeinflussen den Preis:

- o Region
- o Lage
- o Größe der Wohneinheit: qm und Anzahl der Personen
- o Ausstattung und Komfort
- o Beschaffenheit
- o Außenbereich
- o Service

Die folgenden Ausführungen beleuchten die verschiedenen Einflussfaktoren auf die Preise detaillierter. Fakten werden durch Empfehlungen und Tipps ergänzt.

↓ Region

Jeder Landstrich hat eine bestimmte Attraktivität und ein damit verbundenes Preisniveau. Auf Sylt ist vieles teurer als an der Lauenburgischen Seenplatte. Dies schlägt sich sowohl auf die Kaufpreise der Immobilien als auch auf die Mieten nieder, die Sie dort realisieren können. Um Preise zu recherchieren, lassen Sie sich am besten Gastgeberverzeichnisse der einzelnen Fremdenverkehrsvereine schicken oder schauen ins Internet. Es gibt mittlerweile zahllose Ferienportale, auf denen private Vermieter ihre Ferienhäuser und Wohnungen anbieten können. Für Ihre Recherche sind sie bestens geeignet. Im Rahmen des Kapitels 5 werden die Ferienportale unter dem Aspekt der Vermarktung Ihrer Immobilie begutachtet und bewertet.

+ Lage

Natürlich beeinflusst die Lage der Immobilie innerhalb der Region den Mietpreis. Wie weit ist die Entfernung zum Strand oder zum Skilift? Sind Ihre Gäste auf die Nutzung ihres Autos angewiesen oder ist alles zu Fuß gut zu erreichen? Gibt es durch die zentrale Lage Lärmbelästigungen? Sind ausreichend nahe und kostenfreie Parkmöglichkeiten vorhanden? Schauen Sie auch hier: Wie viele Ferienangebote gibt es in unmittelbarer Nähe und was bieten andere Vermieter an? Ich empfehle Ihnen, breit und gründlich zu recherchieren, damit Sie sich möglichst nicht an Wettbewerbern orientieren, die nicht so erfolgreich am Markt vertreten sind.

+ Größe der Wohneinheit

Die Größe des Hauses umfasst zwei Aspekte, die eng zusammen hängen: die Anzahl der Quadratmeter und die der Personen, für die Sie Ihre Unterkunft ausstatten. Natürlich können Sie für eine größere Wohnung auch einen höheren Preis verlangen. Genauso relativiert sich der Mietpreis bei einer Belegung mit einer höheren Zahl von Personen. Eine Familie oder zwei Paare werden mehr auszugeben bereit sein als ein Paar, da sich der Mietpreis auf mehrere Personen verteilt.

Daran schließt sich die Frage an, für wie viele Urlauber kann eine Wohnung mit einer bestimmten Quadratmeterzahl ausgestattet werden? Versuchen Sie die goldene Mitte zu finden. Stopfen Sie die Immobilie nicht voll, damit möglichst viele Personen schlafen können, aber nutzen Sie den Raum auf der anderen Seite auch gut aus. Im Urlaub benötigen viele Menschen weniger Raum als zu Hause, aber die Geschmäcker und Bedürfnisse sind sehr unterschiedlich. Denken Sie nicht nur an die Schlafplätze. Alle Personen benötigen einen Platz zum Essen, an einem Tisch der Platz bietet, um ihn reichhaltig zu decken. Im Wohnzimmer sollten ausreichend Sitzgelegenheiten für ein gemütliches Zusammensein vorhanden sein.

Ihre Gäste haben Urlaub! Sie sollen sich wohlfühlen.

Wichtig ist in diesem Zusammenhang auch der Sanitärbereich. Bei mehr als vier Personen sollte ein zweites WC vorhanden sein. Haben alle Urlauber genug Platz für ihre Hygieneartikel und Handtücher?

Stellen Sie das Angebot auf jeden Fall so dar wie es ist, veröffentlichen Sie viele Fotos, damit die Gäste einen möglichst realistischen Eindruck bekommen.

Dazu später mehr.

Vergleichen Sie für Ihre Preisfindung Ihre Immobilie mit ähnlichen Angeboten am Markt.

↓ Ausstattung und Komfort

Bezüglich der Ausstattung gibt es eine lange Liste von Einrichtungsgegenständen, die einfach in ein Ferienhaus gehören und somit keinen Einfluss auf die Preisgestaltung haben. Das ist Thema des Kapitels 4. Gleichzeitig werden Sie über die Extras informiert, die nicht unbedingt zur Ausstattung gehören müssen und somit einen etwas höheren Preis rechtfertigen.

Doch Vorsicht, werfen Sie sich nicht durch zu hohe Preise selbst aus dem Markt! Nicht alle dieser zusätzlichen Ausstattungsmerkmale können zu einer höheren Miete führen. Sie steigern die Attraktivität Ihres Domizils und führen zu einer guten Belegung. Der Wettbewerb ist groß – gerade in den attraktiven Urlaubsgebieten - aber dort reisen auch viele Urlauber hin.

Hinzu kommt natürlich die Eingruppierung Ihrer Immobilie. Welchen Standard wollen Sie anbieten? In Frage kommen gemütliche Mittelklasse, gehoben oder sogar Luxus.

Sie bilden die Basis für die Einrichtung und die Mietpreise.

Ausstattungsmerkmale, die Extras darstellen, gruppiert nach Räumen:

- Küche:
    - Geschirrspülmaschine (wird immer mehr zum Muss.)
    - Waschmaschine
    - Mikrowelle
    - Kaffee, Tee, Gewürze

- Wohnzimmer
    - Offener Kamin oder Kaminofen
    - DVD-Player und DVDs
    - CDs, Bücher und Spiele
    - Stereoanlage (CD-Ei bzw. Ghettoblaster genügt)

- Schlafzimmer
    - Zusätzlicher Fernseher
    - Übergroße Bettdecken
    - Breite Betten

- Bad
    - Badewanne (Dusche reicht aus)
    - Handtücher
    - Handtuchwärmer
    - Fenster

- Allgemein
    - Garage
    - Sauna
    - Solarium
    - Fahrräder (Achtung, Fahrräder sind nicht wartungsfrei verkehrssicher!)

- Garten
    - Strandkorb
    - Sonnenschirme

↓ Beschaffenheit

So wie der Stand der Modernisierung den Kaufpreis der Immobilie beeinflusst, nivelliert er auch den Übernachtungspreis. In einem Neubau ist die gesamte Ausstattung auf einem modernen Stand und das hat seinen Preis. Eine alte oder sogar sehr alte Immobilie kann einen großen Reiz haben, wenn sie etwas Besonderes ist und es nicht viele vergleichbare Domizile gibt. Natürlich muss in den Bereichen Küche, Bad und Heizung aktualisiert werden, sonst haben wenige Gäste ihre Freude daran.

In einem alten Reetdachhaus herrscht eine ganz andere Atmosphäre und ein anderes Raumklima als in einer Neubauwohnung im 10. Stock, die dafür lichtdurchflutet ist und aus der Sie einen sagenhaften Blick über die gesamte Bucht, das ganze Tal oder auf das Bergpanorama haben. Beide können den gleichen Mietpreis erzielen.

Diese Immobilien sprechen ganz unterschiedliche Menschen an. Die Beschaffenheit des Domizils ist eng verknüpft mit Ihrer Zielgruppe, also Ihren potenziellen Gästen, die im letzten Teil dieses Kapitels näher analysiert werden.

↓ Außenbereich

Im Sommer ist die Nutzung eines Balkons, einer Terrasse oder eines Gartens beliebt. Wenn Sie Ihren Gästen einen attraktiven Außenbereich zur Verfügung stellen können, rechtfertigt dies einen höheren Preis.

Eine weitere Annehmlichkeit ist ein zugehöriger Parkplatz. Gerade in Domizilen in der Stadt ist dies keine Selbstverständlichkeit.

↓ Service

Der Bereich Service wird bei der Vermietung von Ferienhäusern immer wichtiger. Hierzu gehört ein persönlicher Empfang, bei dem das Domizil gezeigt wird und Ihr Gast mit Umgebungsinformationen und Einkaufs-tipps versorgt werden kann, wenn er das möchte.

Manche Vermieter haben eine Kombination aus Wohnungen und Zimmern in einem entsprechend größeren Gebäude und bieten für die Appartement-Gäste Frühstück an. Ein großartiger Service, da Ferienhausurlaub in der Regel Selbstversorgung bedeutet.

Auch die Reinigung der Wohnung ist Service, somit müssen sich die Feriengäste nicht den letzten Urlaubstag mit Putzen verderben. Das Thema Reinigung ist Bestandteil des Kapitels 7.

Lassen Sie sich gern etwas einfallen, womit Sie sich vom Wettbewerb abgrenzen und Ihren Gästen den Urlaub etwas schöner und komfortabler machen.

Bei der Preisgestaltung können zahlreiche Fehler gemacht werden, die folgende Checkliste soll Sie unterstützen, sie zu vermeiden:

1. Zu hoch
    Zu hohe Preise schrecken potenzielle Gäste ab. Sie sollten den oben ausgeführten Aspekte angepasst werden, damit Sie eine gute Auslastung erreichen. Und Vorsicht: Hohe Preise erwecken hohe Erwartungen. Wenn Sie diese nicht einhalten können, wird es Ärger und Enttäuschung zur Folge haben – für Ihre Gäste und für Sie.
2. Zu niedrig
    Bei zu niedrigen Preisen gibt es ebenfalls zwei Aspekte zu bedenken: Zum einen decken Sie nicht Ihre Kosten – zum anderen sind nicht alle Urlauber Schnäppchenjäger. Mancher wird sich fragen, ob mit Ihrem Domizil etwas nicht in Ordnung ist, weil der Preis einfach nicht realistisch ist.
3. Zu verwirrend
    Schaffen Sie eine klare Preisstruktur mit zwei oder maximal drei Saisonpreisen. Geben Sie dafür Zeiträume, Mindestmietzeiten und Maximalbelegungen an.
    Beispiel für ein verwirrendes Angebot: Minimalbelegung in der Nebensaison drei Nächte für zwei Personen zum Preis von 50 Euro pro Nacht - bei Belegung mit sechs Personen: Aufpreis von zehn Euro pro Nacht und Person.
4. Zu eingeschränkt
    In der Hauptferienzeit können Sie ein familiengeeignetes Domizil wochenweise vermieten, um eine optimale Auslastung zu gewährleisten. In der Nebensaison bieten sich flexible Reisetage und Zeiträume an, da Kurzurlaube sich großer Beliebtheit erfreuen.
5. Zu vage
    Legen Sie Ihre Preise fest und veröffentlichen Sie diese. Vage Angaben wie ‚Übernachtung ab 50,- €' führen nicht zum Ziel. Die

Interessenten möchten eine explizite Preisangabe sehen und nicht nachfragen müssen.

6. Nicht vorhanden

Nicht vorhandene Preise knüpfen an die Überlegungen des vorherigen Punktes an. Ohne Preisangabe verlieren die Urlauber das Interesse an Ihrem Inserat - und möchten Sie mit jedem Interessenten telefonieren oder mailen und Ihre Preisstruktur erklären?

7. Ein Preis für das ganze Jahr

Saisonpreise sind in dieser Branche üblich und werden von den Urlaubern erwartet. Mit Nebensaisonpreisen und Sonderangeboten in der ‚Nicht-Saison' können Sie eine hohe Gesamtbelegung erzielen.

8. Übertriebene Nebenkosten und Gebühren

Separat berechnete Reinigungskosten und Kautionen sind üblich. Für die Reinigung liegen die Kosten bei 30 bis 180 Euro je nach Größe des Objekts und Zusatzleistungen wie enthaltenes Wäschepaket. Für die Kaution sind 200 Euro pauschal oder 10% vom Mietpreis angemessen.

Zu hohe Nebenkosten können abschreckend wirken, zu niedrige Preise für die Reinigung lassen an der Qualität der Dienstleistung zweifeln.

9. Zusätzliche Gebühren für jede Kleinigkeit

Der Großteil der privaten Vermieter bietet seine Unterkunft zu einem Preis an, der dann – außer der Reinigung – alles enthält. Wenn zusätzliche Personen und Tiere extra kosten, die Energie separat abgerechnet wird, ein vorhandener Pool eine Eintrittskarte verlangt, wird dies für den Gast unübersichtlich und teuer, er bucht woanders.

10. Zu schnelle Preissenkung

Senken Sie die Preise nicht zu spontan. Das Buchungsverhalten hat sich in den letzten Jahren verändert. Es wird sehr viel kurzfristig gebucht. Rabatte sind möglich und können in den Nicht-Saisonzeiten die Belegungszahlen aufwerten. Versuchen Sie in den Saisonzeiten Ihre Preise durchzusetzen und riskieren Sie ruhig einmal einen Leerstand.

Zusammenfassende Empfehlung
Insgesamt empfehle ich Ihnen gerade zu Beginn, die Mieten nicht zu hoch anzusetzen, um die kalkulierte Auslastung möglichst früh zu erreichen. Sie machen Ihr Domizil bekannt und gewinnen Stammgäste. Das bedeutet nicht, dass Sie Dumpingpreise ansetzen sollen, dann wird Ihre Finanzierung nicht gedeckt. Außerdem können Sie nicht nach ein bis zwei Jahren die Preise immens erhöhen. Dann vergraulen Sie Ihre Wiederkehrer und die, die Ihr Objekt bereits vorgemerkt haben. Siedeln Sie sich im Mittelfeld an, genießen Sie den Erfolg der Auslastung und sammeln Sie Erfahrungen – auch das ist wichtig!

Das Finanzamt ‚wünscht' sich ebenfalls eine möglichst hohe Auslastung und Gewinnerzielungsabsicht, damit Ihr Objekt steuerlich anerkannt wird. Steuerliche Aspekte sind Thema des Kapitels 11.

2.2.2   Belegung

Nachdem der Mietpreis recherchiert und festgelegt wurde, soll nun der zweite Faktor, der Ihren Umsatz ergibt, analysiert werden: Die Belegung - die Auslastung.
Dabei ist auch der Mietpreis ein Aspekt, der entscheidenden Einfluss hat. In einem bestimmten Preisbereich wird die Zahl der gebuchten Nächte steigen, wenn der Preis sinkt. Hier ist es wichtig zu beobachten, welche Auswirkungen dies auf den Umsatz hat. Hier ein Beispiel:
Sie vermieten in der Hauptsaison ein Haus an der Nordsee für 80 Euro pro Nacht. Sie vermieten insgesamt 80 Nächte und sind nicht zufrieden. Die Hauptsaison hat ca. 120 Nächte und Sie wollen diese auch auslasten.

Sie haben jetzt: 80 Nächte à 80,- € = 6.400,- €

Sie senken den Preis auf 70,- € pro Nacht und vermieten 90 Nächte und denken ‚Großartig', doch was passiert mit Ihrem Umsatz?

Nach Preissenkung: 90 Nächte à 70,- € = 6.300,- €

Ihr Umsatz ist gesunken, Sie müssen aber für weitere 10 Nächte Energie aufwenden, die in aller Regel bei Ferienhäusern nicht separat abgerechnet wird.

Haben Sie ein wenig Geduld. Wenn Sie Ihren Preis gründlich recherchiert haben, senken Sie ihn noch nicht im zweiten Jahr, weil Sie mit der Belegung des ersten Jahres nicht zufrieden waren. Im nächsten Jahr kann es anders aussehen, ein bisschen Anlaufzeit ist auch mit den heutigen schnellen Kommunikationsmitteln möglich. Wenn Sie für 80 Euro pro Nacht 90 oder 100 Nächte vermieten, haben Sie einen wesentlich höheren Umsatz generiert.

Anders sieht es aus, wenn Sie Ihren Preis doch ein bisschen zu hoch angesetzt haben – möglicherweise bewusst, um auszuprobieren, ob er durchsetzbar ist. Es kann Sinn machen, ihn ein wenig nach unten zu korrigieren.

Ein bisschen Risiko ist immer dabei, nicht zuletzt, weil auch das Wetter und andere Faktoren wie die allgemeine Wirtschaftslage die Anzahl der vermieteten Nächte beeinflussen.

Wie kommen Sie also bei einem angemessenen, nicht zu niedrig angesetzten Preis zu einer hohen Belegung?

Folgende Faktoren beeinflussen die Auslastung Ihres Ferienhauses:

- Zuhause auf Zeit: Attraktivität Ihres Domizils
- Zielgruppe
- Schnelle und aktuelle Marketing- und Verwaltungsaktivitäten
- Vermietungsbedingungen: Was nehmen Sie an?

⤋ Zuhause auf Zeit: Attraktivität Ihres Domizils

Dass Ihr Ferienhaus etwas Besonderes werden soll, ist selbstverständlich. In Kapitel 4 erfahren Sie, was alles zur Einrichtung gehört und wie Sie überprüfen können, ob Sie an alles gedacht haben.

⤋ Zielgruppe

Die zentralen Fragen bei diesem Aspekt lauten: Wer kommt in Frage? Worauf können Sie bereits bei der Einrichtung des Hauses achten, damit Sie bestimmte Gruppen ansprechen? Und wen möchten Sie nicht in Ihrem Domizil wohnen lassen? Diese Einteilung sollten Sie früh vornehmen, denn hier haben Sie einen großen Einflussfaktor auf die Anzahl der Nächte, die Sie realisieren können und die somit Ihren Umsatz beeinflussen.

Im ersten Schritt erfahren Sie, welche Gruppen es gibt und ob sie Auswirkung auf die Einrichtung haben sollten.

- Familien (Patchwork)
  o Wenn Ihre Immobilie groß genug ist, um zwei und mehr Schlafzimmer einzurichten, sind Sie für diese Zielgruppe bestens gerüstet. Auch ein kombiniertes Wohn-Schlafzimmer – bestenfalls sogar zusätzlich zum Wohnzimmer – kann tagsüber für Kinder als Spielzimmer und nachts als Schlafzimmer dienen. So geben Sie einer Familie insbesondere bei schlechtem Wetter viel Raum zur Entspannung.
  o Wichtig im Wohnzimmer: Größe des Wohnbereichs und Anzahl der Sitzgelegenheiten
  o Größe des Essbereichs: Ist der Tisch groß genug und gibt es eine ausreichende Anzahl an Stühlen?
  o Kindgerechte Einrichtung: Für Kinder können Sie zweierlei berücksichtigen: Unterhaltung und Sicherheit! Für Spaß und Spannung sorgen Bücher, Filme und Spiele für drinnen und draußen.
    In puncto Sicherheit lassen sich viele Schutzmaßnahmen schnell und günstig installieren. An erster Stelle stehen Steckdosen. Eingebaute Sicherungen

schützen. Ältere Modelle sind mit Einsätzen leicht nachzurüsten, so dass sich die Löcher verschließen, sobald der Stecker entfernt wird.

Auch durch Fenster, Türen, Treppen und Schränke kann Verletzungsgefahr drohen. Sichern Sie Treppen mit Sperrgittern und verschrauben Sie Regale und Schränke mit den Wänden, damit aus einer möglichen Kletterpartie kein Unfall wird. Weiterführende Informationen finden Sie im Internet unter www.kindersicherheit.de, eine Seite der Bundesarbeitsgemeinschaft ‚Mehr Sicherheit für Kinder e.V.'

- o Fazit: Gerade große Immobilien sind für Familien sehr gut geeignet und können mit geringem Mehraufwand dafür eingerichtet werden.

- **Hundebesitzer**
  - o Außenbereich: Wenn Sie an Hundebesitzer vermieten, die zusammen mit ihren Vierbeinern anreisen, ist ein eingezäunter Garten das Wichtigste!
  - o Empfehlenswert sind pflegeleichte Bodenbelege im Haus: Laminat, Parkett und Fliesen sind Teppichböden vorzuziehen - sie sind für alle Gäste pflegeleichter - und geben Tierhaare schneller wieder her.
    Der Reinigungsaufwand ist bei vierbeinigen Gästen etwas höher und entsprechend zu kalkulieren. Dieses Thema wird in Kapitel 7 ausführlich behandelt.
  - o ‚Hundegerechte' Einrichtung gibt es nicht wirklich – generell empfehlen sich in einem Ferienhaus auf Polstern eher gemusterte oder dunkle als helle Stoffe. Gestalten Sie in hellen Farben lieber Ihre Wände.
  - o Fazit: Die Vermietung an Hundebesitzer ist eine gute Möglichkeit, die Zielgruppe zu vergrößern, wenn Ihre Immobilie an sich und die Lage dafür geeignet sind. Beschädigungen durch Hunde sind selten.

- **Raucher**
  - o Möglich ist, dass es bei starken Rauchern für die nachfolgend anreisenden Gäste zu Geruchsbelästigungen kommt. Es kann passieren, dass

Nichtraucher mit dieser Befürchtung ihr Domizil nicht buchen, wenn Sie sehen, dass geraucht werden darf – entscheiden Sie selbst!
- o An der Einrichtung kann ich persönlich keine größeren Verschleißerscheinungen entdecken. Viele Raucher rauchen mittlerweile draußen, damit sie in rauchfreien Zeiten nicht in dem kalten Rauch sitzen müssen.
- o Fazit: Ansichtssache
- Senioren
  - o Eine große Zielgruppe, die Zeit und Geld zur Verfügung hat. In der Regel keine außerordentliche Einrichtung vonnöten, manchmal werden Domizile ohne Treppen bevorzugt.
- Monteure, Handelsreisende, Geschäftsreisende
  - o Keine Besonderheiten, außer dass sie das Domizil in der Regel nur abends und nachts nutzen und dadurch eher weniger Energie verbrauchen.
- Rollstuhlfahrer
  - o Ihre Immobilie muss ebenerdig gelegen oder mit dem Fahrstuhl erreichbar sein. Treppen und schmale Türen sind kontraproduktiv. Rollstuhlfahrer haben besondere Anforderungen an den sanitären Bereich. Diese Zielgruppe ist sicherlich dankbar, wenn Sie eine rollstuhlgerechte Wohnung anbieten können, da die meisten Domizile es nicht sind.

Viele Zielgruppen wie Pärchen und Freunde benötigen keine besondere Ansprache. Sie werden durch die Lage und Ausstattung Ihres Domizils angesprochen oder es gefällt ihnen nicht.

Ansonsten gibt es Urlauber mit bestimmten Interessen, Hobbys und Vorlieben für Sportarten. Sprechen Sie diese Zielgruppen an, richten Sie sich auf bestimmte Bedürfnisse ein. Es ist immer eine Abwägung von Kosten und Nutzen.

↓ Schnelle und aktuelle Marketing- und Verwaltungsaktivitäten

Die meisten Buchungsanfragen werden per eMail gestellt. Kurze Reaktionszeiten schaffen einen klaren Wettbewerbsvorteil, denn die Interessenten fragen oft mehrere Objekte an, die ihnen gefallen und buchen dann dort, wo sie das erste Angebot bekommen. Wenn Sie die Vermarktung und Vermietung selbst organisieren, antworten Sie so schnell wie möglich. Die meisten Menschen sind neugierig und ungeduldig und möchten schnell Klarheit, ob aus der Buchung etwas wird oder nicht. Auf einigen Portalen kann mittlerweile direkt gebucht werden. Doch auch in diesem Fall müssen Sie als Vermieter die Buchung binnen 24 Stunden akzeptieren, ansonsten wird sie abgelehnt.

Wenn Sie die Vermarktung und Verwaltung Ihrer Immobilie einer Agentur übertragen, achten Sie darauf, dass diese schnell und zuverlässig arbeitet. Kontrollieren Sie es gerne.
Eng damit verknüpft ist die Pflege der Belegungskalender. Das Internet ist ein schnelles Medium und soll aktuelle Informationen liefern. Ein ständig gepflegter Belegungskalender auf Ihrer eigenen Website und den Ferienportalen, auf denen Sie inserieren, ist Pflicht. Wenn Sie das nicht schaffen, arbeiten Sie ohne dieses Instrument. Das Kapitel 6 behandelt dieses Thema ausführlich.

⤴ Vermietungsbedingungen: Was nehmen Sie an?
Zahlreiche Gäste buchen ihren Urlaub immer kurzfristiger vor der Anreise. Außerdem werden die Buchungszeiträume immer kürzer. Viele fahren gern für ein paar Tage weg, Buchungen über Zeiträume von drei bis vier Wochen gibt es kaum noch. Die Frage stellt sich immer wieder: Soll ich einen bestimmten Zeitraum für drei, vier oder fünf Nächte weggeben oder darauf hoffen, dass noch eine Anfrage über sieben bis zehn Nächte kommt? Dies ist eine Gratwanderung und im Einzelfall zu entscheiden. Manchmal ist eine kurze Buchung besser als nichts, manchmal lohnt es sich nicht und besser zu ‚pokern' und zu hoffen, dass noch eine attraktivere Buchung getätigt wird.
Probieren Sie es einfach aus!

2.2.3   Praktische Anwendung

Um eine realistische Kalkulation Ihrer Preise vorzunehmen, ist es sinnvoll, Ihr Haus nach den aufgeführten Kriterien zu beschreiben. Sie können auf den Ferienportalen im Internet recherchieren und Ihr Domizil mit dem Wettbewerb vergleichen und Ihre Preise festlegen.

Dies wird hier für das Beispiel-Ferienhaus in Schleswig-Holstein umgesetzt, das Sie durch den gesamten Ratgeber begleitet:

⤵ Region
Das Haus steht im Raum Schlei und Ostsee nahe der Stadt Kappeln, die sich großer Beliebtheit erfreut. Es handelt sich jedoch nicht um ein Top-Urlaubsgebiet. Das Preisniveau ist moderat.

⤵ Lage
Die Entfernung zur Schlei und Ostsee beträgt ca. sechs Kilometer. Das Haus steht in einem kleinen Dorf in Randlage und ist ruhig gelegen. Grundversorgung bietet eine minimale Infrastruktur, komplett können sich die Gäste in drei Kilometer Entfernung versorgen.

⤵ Größe der Wohneinheiten/Anzahl der Personen:
Es handelt sich um ein kleines Doppelhaus mit 90 qm pro Wohneinheit. Beide Haushälften sind für je vier Personen ausgestattet. Es gibt pro Einheit zwei Schlafzimmer und ein Duschbad, dazu geräumige Wohnküchen mit Kaminen große Wohnzimmer.

⤵ Ausstattung und Komfort
Die Ausstattung befindet sich auf mittlerem Niveau. Es wird gehobene Qualität der Einrichtung geboten - die zu dem Stil des Landhauses passt – jedoch kein Luxus. Komfort bieten Kamine, Geschirrspüler, Waschmaschinen und ansprechende TV-Ausstattung. Badewannen, Sauna und Whirlpool werden nicht geboten.
Das Haus ist liebevoll und persönlich ausgestattet. Es wird das Motto ‚Zuhause auf Zeit' verfolgt. Viele Kleinigkeiten, wie Gewürze, Tee, Öl, Teelichter, Wolldecken etc. stellen Extras dar. Sie reduzieren das Gepäck der Gäste und sorgen für Urlaub vom ersten Moment an.

⤵ Beschaffenheit
Es handelt sich um ein altes Reethaus mit geschätztem Baujahr 1875. Das Haus ist grundsaniert und modern isoliert, verfügt über eine Gasheizung, moderne Küchen und Duschbäder.

✦ Außenbereich

Der Garten ist mit 1500 qm sehr groß. Durch schönen alten Baumbestand entstehen Nischen und abgetrennte Bereiche, die Familien und Urlaubern mit Hund Entspannung bieten. Er ist eingezäunt und es werden Gartenmöbel und Grills vorhanden. Mehrere Parkplätze und ein Carport sind vorhanden.

✦ Service

Eine Hausbetreuung empfängt die Gäste und versorgt sie auf Wunsch mit Informationen über Ausflugsziele und Einkaufmöglichkeiten.
Sie übergibt das Haus gereinigt. Die Kosten werden separat berechnet.

✦ Zielgruppen
- Familien mit maximal zwei Kindern, da pro Haushälfte vier Betten zu Verfügung stehen
- Befreundete Familien, die Individualität schätzen – so hat jede Familie eine eigene Küche und ein eigenes Bad
- Paare, die Ruhe und Erholung suchen
- Befreundete Paare, die eine oder beide Haushälften buchen
- Hundebesitzer
- Raucher – werden nicht explizit beworben, aber es ist erlaubt

Zusätzlicher Aspekt

An der Ostsee ist die Saison etwas kürzer als an der Nordsee, aber beide Wohneinheiten haben einen Kamin und bieten somit Attraktivität für Gäste, die in der Nebensaison entspannen wollen.
Dies steigert die Belegung im Winterhalbjahr.

In der nachfolgenden Tabelle sehen Sie eine Übersicht über die Saisonzeiten, es gibt einen Haupt- und einen Nebensaisonpreis. Das Marketing Ihrer Immobilie können Sie mit weiteren Angeboten, wie Langzeitaufenthalten im Winter und Last-Minute-Angeboten für Spätbucher diversifizieren. Für die Kalkulation dieses Beispiels reicht es aus, mit den beiden Preisen zu rechnen. Als Basis dient der Kalender von 2016 mit dem Osterfest bereits Ende März:

Zeiten	Saison	Preise	Nächte	Summe
01.01.– 24.03.	Nebensaison	75,- €	15	1.125,- €
25.03. – 06.04.	Hauptsaison Ostern	90,- €	8	720,- €
07.04. – 31.05.	Nebensaison	75,- €	30	2.250,- €
01.06. – 15.09.	Hauptsaison	90,- €	80	7.000,- €
16.09. – 20.12.	Nebensaison	75,- €	40	3.000,- €
21.12. – 31.12.	Hauptsaison Jahreswechsel	90,- €	7	630,- €
Summe			180	14.725,- €

Tabelle 2: Umsatzprognose

Die kalkulierte Zahl in Höhe von 180 Übernachtungen ist eine realistische Größe. Wenn Sie etwas vorsichtiger sein wollen, können Sie von 150 bis 170 Nächten ausgehen. Es ist jedoch auch möglich 180 bis 200 Nächte pro Jahr zu vermieten. Gehen Sie davon aus, dass Sie Schwankungen haben werden. 180 ist dabei ein guter Mittelwert.
Die restlichen Tage ist das Haus frei und kann für Verschönerungs-arbeiten oder eigenen Urlaub genutzt werden.

Da das Haus zwei Wohneinheiten besitzt, die gleich groß und ähnlich ausgestattet sind, werden für beide Haushälften die gleichen Mieteinnahmen kalkuliert. Das Ergebnis wird also mit ‚2' multipliziert.
Gesamtumsatz pro Jahr mit dem Doppelhaus an der Ostsee: ~ 30.000,- €
Diese Jahreseinnahme wird durch zwölf geteilt und damit ist der Betrag berechnet, der im Durchschnitt monatlich zur Deckung der Kosten zur Verfügung steht:
Monatlicher Betrag: ~ 30.000,- € / 12 = ~ 2.500,- €

Bevor es um Finanzierungsmodelle, Laufzeiten und Zinsen geht, soll noch berechnet bzw. abgeschätzt werden, welche weiteren Kosten Sie bei Ihrer Gesamtrechnung berücksichtigen sollten. Danach wissen Sie, wie hoch der Betrag sein darf, den Sie monatlich für die Finanzierung der Immobilie kalkulieren können.

Zusatzinformation zu der Berechnung:
Es handelt sich um ein Landhaus mit einer eigenen Drei-Kammer-Klärgrube, die einmal jährlich geleert wird, die Wasserkosten sind dadurch sehr niedrig. Das Haus ist zeitgemäß isoliert, so dass sich der Energieaufwand auf normalem Niveau befindet. Die Kosten sind in einer realistischen Größenordnung für diese Hausgröße ausgewiesen.

Monatliche Kosten	Betrag
Heizkosten, hier Gas	200,- €
Strom	70,- €
Wasser	10,- €
Grundsteuer, Müll, Klärgrubenleerung	50,- €
Versicherungen	70,- €
Werbung	100,- €
Gartenpflege	120,- €
Pauschale für Hausbetreuung	60,- €
Zweitwohnungssteuer	35,- €
Internetanschluss, GEZ	40,- €
Summe	755,- €

Tabelle 3: Nebenkosten des Beispielhauses

Der Betrag, den Sie monatlich für die Finanzierung der Immobilie kalkulieren können, ergibt sich aus der durchschnittlichen monatlichen Einnahme abzüglich der Summe aus den Kosten aus Tabelle 3:

$$2.500,- € - 755,- € = 1.745,- €$$

Unter der Voraussetzung, dass Sie den Erhaltungsaufwand für die Immobilie nicht aus den Mieteinnahmen bestreiten wollen oder müssen, haben Sie für die Finanzierung einen monatlichen Betrag in Höhe von 1.745,- € zur Verfügung.

Kompakte Zusammenfassung des zweiten Schrittes

	Um mit den Mieteinnahmen die Kosten Ihres Ferienhauses zu decken und langfristig einen kontinuierlichen Vermögensaufbau zu realisieren, ist eine sorgfältige Berechnung der Wirtschaftlichkeit notwendig.

Wirtschaftlichkeitsberechnung	Der Finanzierungsbedarf setzt sich aus folgenden Komponenten zusammen:
	- Kaufpreis der Immobilie
	- Kaufnebenkosten
	    o oftmals Maklerkosten
	    o Notar
	    o Grunderwerbsteuer
	- Kosten der Sanierung und/oder Renovierung
	- Einrichtung des Hauses
	- Anlaufkosten, wenn Übergabe und Vermietungsstart zeitlich auseinander fallen

	Der Umsatz in Form von Mieteinnahmen setzt sich aus den Komponenten Mietpreis x belegte Nächte zusammen. Zahlreiche Kriterien gehen in die Festsetzung marktgerechter Preise ein. Die Festlegung beeinflusst die Anzahl der vermieteten Nächte ebenso wie die Region, die Zielgruppe und die Reaktionsgeschwindigkeit bei Anfragen.
	Ziehen Sie von Ihrem geschätzten Umsatz die Betriebskosten des Hauses ab, erhalten Sie im Ergebnis den Betrag, der Ihnen für die Finanzierung Ihrer Immobilie zur Verfügung steht.

3 Finanzierung

Die Zinsen sind momentan sehr niedrig, insofern ist der Zeitpunkt für die Investition in eine Immobilie günstig. Auch sind Finanzierungen ohne oder mit sehr geringem Eigenkapitalanteil möglich.

In diesem Kapitel werden Ihnen mehrere Finanzierungsmodelle mit ihren Vor- und Nachteilen vorgestellt. Die Art der Finanzierung beeinflusst außerdem die Steuerersparnis.

3.1 Finanzierungsmodelle

Für eine Immobilie, die als Gewerbe, also als vermietetes Ferienhaus finanziert werden soll, kommen die folgenden Formen der Finanzierung in Frage:

- o Annuitätendarlehen
- o Versicherungsdarlehen mit Lebensversicherung
- o Bauspardarlehen
- o Sonderfall: Forward-Darlehen für die Anschlussfinanzierung

Im Detail:

3.1.1 Annuitätendarlehen

Ein Annuitätendarlehen ist ein Darlehen mit konstanten Rückzahlungsbeträgen. Diese Raten – auch Annuitäten genannt – setzen sich aus dem Zins- und Tilgungsteil zusammen. Über eine zu wählende Laufzeit wird ein fester Zinssatz vereinbart. Üblich sind in Deutschland fünf, zehn oder fünfzehn Jahre Zinsbindung. Danach wird neu verhandelt. Es empfiehlt sich, diese Zinsbindung in Zeiten von niedrigen Zinsen bei Vertragsabschluss sehr lang zu wählen. Sie ‚bezahlen‘ diese Sicherheit mit einem kleinen Zinsaufschlag.

Es kann Ihnen passieren, dass Ihre Zinsbindung in einer Phase viel höherer Zinsen ausläuft. Bei Neuabschluss muss dann eine höhere Annuität gezahlt werden. Je später nach dem Kauf der Immobilie dies auf

Sie zukommt, desto größer ist der bereits getilgte Betrag - und desto kleiner ist die restliche Kreditsumme, über die neu verhandelt werden muss.

Empfehlenswert ist bei den derzeitig niedrigen Zinsen eine Tilgung von mindestens ca. vier Prozent der Kreditsumme. Eine Faustformel besagt, dass Zins und Tilgung zusammen sechs bis acht Prozent ergeben sollten. Je höher Sie die prozentuale Tilgung ansetzen, desto größer ist auch die Annuität. Dafür verkürzen Sie die Gesamtlaufzeit der Rückzahlung – und damit auch das Volumen von Zins und Zinseszins.

Sie können Beispielrechnungen mit Zahlen in dem von Ihnen geplanten Investitionsvolumen unter www.zinsen-berechnen.de simulieren.

Da Sie bereits mit der ersten Rate tilgen, wird die Finanzierungssumme mit jeder Zahlung kleiner. Dies hat zur Folge, dass auch der Zinsanteil mit jeder Rate kleiner wird. Da die Rate konstant ist, steigt entsprechend der Tilgungsanteil. Das sind – insbesondere bei großen Kreditsummen und langen Laufzeiten – kleine Veränderungen, aber in den letzten Jahren der Laufzeit steigt der Tilgungsanteil enorm an.

Tipp

Vereinbaren Sie die Möglichkeit, die Tilgungsrate einmal jährlich kostenfrei anzupassen. Sie sollte mindestens bis vier Prozent hochgesetzt werden können. Fragen Sie außerdem nach Sondertilgungen während der Laufzeit. Damit können Sie die Kreditsumme vorzeitig senken. Üblich ist die Möglichkeit einer jährlichen Sondertilgung in Höhe eines bestimmten Prozentsatzes (5%) der ursprünglich abgeschlossenen Kreditsumme.

Der große Vorteil dieser Form der Finanzierung ist, dass die Restschuld sichtbar kleiner wird. Dies ist auch psychologisch sehr erfreulich. Außerdem kann es sein, dass Sie das Haus vorzeitig verkaufen wollen oder müssen. Sie tilgen bei dieser Finanzierungsform früher als bei dem Versicherungsdarlehen, das im nächsten Abschnitt Thema ist.

Tipp

Die Steuerfreiheit bei Verkauf des Hauses greift erst nach zehn Jahren, d.h. Sie müssen die Immobilie mindestens zehn Jahre halten, sonst sind alle Steuervorteile an das Finanzamt zurück zu zahlen. Diese Regelung soll die Spekulation eindämmen.

Der Nachteil dieser Finanzierungsform ist folgender: Steuerlich gesehen wird der Kostenanteil immer kleiner, da Sie lediglich die Zinsen geltend machen können, nicht aber die Tilgungsbeträge.

Üblich sind monatliche Raten, auch vierteljährliche Zahlungen sind möglich.

3.1.2   Versicherungsdarlehen mit Lebensversicherung

Bei dieser Form der Finanzierung handelt es sich um ein endfälliges Darlehen, d.h. es werden lediglich Zinsen gezahlt, die Tilgung wird ausgesetzt und am Ende der Laufzeit komplett gezahlt. Die Rückzahlung der Kreditsumme geschieht mittels Ablaufsumme einer Kapitallebensversicherung, die bei Vertragsabschluss des Darlehens an den Kreditgeber abgetreten wird. Lebensversicherungen waren bis zum 01.01.2005 steuerfrei.

Seit dem 1. Januar 2005 wird eine *neu abgeschlossene* Kapitallebensversicherung zum Auszahlungszeitpunkt voll besteuert. Dazu werden von der Auszahlungssumme (Ablaufleistung) die eingezahlten Beiträge abgezogen und die Differenz unterliegt der Einkommensteuer. Nur wenn der Vertrag mindestens zwölf Jahre läuft und erst nach dem 60. Geburtstag des Versicherungsnehmers (für Neuverträge seit dem Jahr 2012 dem vollendeten 62. Lebensjahr) fällig wird, wird "gehälftet". Das bedeutet, dass in diesem Fall nur die Hälfte der Erträge der Besteuerung unterliegt.

Möglicherweise haben Sie vor diesem Zeitpunkt eine Versicherung abgeschlossen und auch bereits regelmäßig bedient. Sie könnten diese zum Bestandteil Ihrer Finanzierung machen. Leider sind die Überschussbeteiligungen in den letzten Jahren von den Versicherern immer weiter nach unten korrigiert worden. Eine sichere Finanzierung können Sie lediglich mit der garantierten Ablaufleistung durchführen.

Der große Vorteil dieser Finanzierungsform ist der steuerliche Aspekt. Die Zinsen bleiben über die Laufzeit der Zinsbindung auf dem gleichen hohen Niveau und können steuerlich geltend gemacht werden.
Nachteil: Der Kapitalaufbau durch die Lebensversicherung ist in den ersten Jahren sehr langsam. Die Renditen sind erheblich gesunken.

3.1.3 Bauspardarlehen

Die Finanzierung über Bauspardarlehen ist für die mittel- bis langfristige Planung geeignet. Sie legen die Summe des Vertrages selbst fest und sparen 30 bis 50 Prozent dieser Summe an. Ihr Guthaben wird niedrig verzinst, dafür sind die Darlehenszinsen niedrig und bereits bei Vertragsschluss festgelegt, unabhängig davon, wie sich der Zinsmarkt entwickelt. Haben Sie also den festgelegten Betrag über eine Mindestlaufzeit angespart und ist der Vertrag zuteilungsreif – wie sich das im Fachjargon nennt – bekommen Sie die vertraglich vereinbarte Summe ausgezahlt und zahlen den Darlehensanteil zu niedrigen Zinsen zurück.
Wenn Sie bereits einen Bausparvertrag relativ weit angespart haben, können Sie ihn in Ihre Finanzierung einbringen. Ansonsten kann er in Kombination mit den obigen Finanzierungsformen genutzt werden.
Mittlerweile ist es ebenfalls weit verbreitet, dass der Bausparvertrag erst beim Kauf einer Immobilie abgeschlossen wird. Die Bausparsumme inklusive Darlehensanteil wird bei Übergabe komplett ausgezahlt und der Vertrag erst dann angespart. Großer Vorteil sind die extrem niedrigen Zinsen, die über den gesamten Zeitraum von bis zu 20 Jahren festgeschrieben sind.
Zusätzlich kann es sinnvoll sein, einen Vertrag über eine kleine Summe für spätere Reparaturen abzuschließen. Wenn Sie beispielsweise ein älteres Haus kaufen, bei dem das Dach voraussichtlich noch zehn Jahre hält, können Sie mit einem Bausparvertrag vorsorgen.

3.1.4   Sonderfall: Forward-Darlehen

Dieser Exkurs befasst sich mit der Anschlussfinanzierung für bereits bestehende Darlehen. In Phasen mit niedrigen Zinsen macht es Sinn, frühzeitig den Vertrag zu verlängern oder sich einen günstigeren Anbieter zu suchen.

Sie können also bereits vor Ablauf der Zinsbindung über den Anschlussvertrag verhandeln. Dabei ist es möglich, das Kreditinstitut zu wechseln. Die Banken sind an Anschlussfinanzierungen interessiert, da sie ein niedrigeres Risiko bergen als Neufinanzierungen.

Die Gebühren liegen bei einem Bankenwechsel im Rahmen. Für eine Anschlussfinanzierung gibt ‚Finanztipp‘ eine Gebühr von 300 Euro bei einem Volumen von 150.000 Euro an. Wenn Sie dadurch lediglich 0,25% bei der Hypothek sparen, kann das für die Laufzeit bis zu 4.000 Euro ausmachen.

Tipp
Überlegen Sie, ob Sie mit den niedrigeren Zinsen der Anschlussfinanzierungen die Annuität senken wollen. Möglich ist auch die Rate beizubehalten und damit die Tilgung zu beschleunigen.

3.2   Wichtige Kriterien Ihrer Finanzierung

Ein wichtiger Aspekt ist die Finanzierungsdauer Ihrer Immobilie. Üblich sind Zeiträume zwischen 15 und 30 Jahren.

Die Wahl der Laufzeit ist von folgenden Kriterien abhängig:

- o   Kaufpreis der Immobilie
- o   Kalkulatorische Belegung
- o   Eingesetztes Eigenkapital
- o   Eigenes Lebensalter
- o   Finanzkraft mit dem originären Einkommen

Das bedeutet im Detail:

3.2.1 Kaufpreis der Immobilie

Wenn der Kaufpreis Ihrer Immobilie hoch ist, weil Sie einen Neubau oder einen gut sanierten Altbau in einem beliebten Feriengebiet kaufen, können Sie die monatlichen Kosten der Finanzierung durch eine längere Laufzeit senken. Diese Entscheidung ist von Ihrem persönlichen Risikoempfinden abhängig. Auch die nachfolgenden Kriterien spielen eine Rolle.

3.2.2 Kalkulatorische Belegung

Nach Ihrer Recherche und Wettbewerbsbeobachtung setzen Sie Ihre Preise fest. Wenn diese auf einem realistischen Niveau liegen, können Sie schnell gute Belegungszahlen realisieren, da Sie durch die Werbung im Internet ein schnelles Instrument zur Verfügung haben. Eine lange Anlaufphase ist nicht unbedingt notwendig.

3.2.3 Eingesetztes Eigenkapital

Wenn Sie über Eigenkapital verfügen, stellt sich die Frage, wie viel Sie davon in die Finanzierung der Immobilie einfließen lassen wollen oder müssen. Es ist empfehlenswert, ein bisschen Eigenkapital für Unvorhersehbares wie Reparaturen oder ähnliches als Reserve zu halten. Natürlich gibt es auch in der Tourismusbranche Umsatzschwankungen. Nicht jedes Jahr ist gleich erfolgreich.
Es kann passieren, dass Sie mit einer völlig verregneten Saison starten, dann sind ein paar Rücklagen hilfreich.

3.2.4 Eigenes Lebensalter

Sie müssen entscheiden, in welchem Alter Sie das Haus schuldenfrei haben wollen, um von den Mieteinnahmen nach Abzug der Steuern zu leben, selbst einzuziehen oder es zu verkaufen, um das Geld für Ihren Lebensunterhalt zur Verfügung zu haben. Wie viele Jahre haben Sie noch bis zu diesem Zeitpunkt? Tendenziell empfiehlt sich bei höherem

Lebensalter eine kürzere Laufzeit. Wenn Sie noch sehr jung sind, können Sie auch über 30 oder sogar 35 Jahre finanzieren. Diese Frage hängt oftmals eng mit dem nächsten Punkt zusammen.

3.2.5 Finanzkraft mit dem originären Einkommen

Mit einem höheren Lebensalter bringen Sie in der Regel eine höhere Finanzkraft aus Ihrem Einkommen mit und können davon in der Startphase, in schwierigen Zeiten oder bei einer unerwarteten Reparatur, Kapital in die Immobilie einfließen lassen.

Es ist ein zusätzliches Geschäft, eine Selbständigkeit, mit der Sie nicht Ihren Lebensunterhalt verdienen wollen, sondern für Ihr Alter vorsorgen indem Sie Vermögen aufbauen. Gleichzeitig können Sie die Steuerlast Ihres originären Einkommens senken.

Tipps zum Schluss des Kapitels

Sie haben über das Internet sehr gute Möglichkeiten sich vorab zu informieren. Es gibt sogenannte Kreditrechner, in die Sie die Faktoren Laufzeit, Zinsbindung, Zinssatz, Finanzierungssumme und Rate in unterschiedlichen Kombinationen eingeben können. Dadurch haben Sie bereits einen Eindruck über die Größenordnung von Rate und Kreditsumme.
Schauen Sie auch dafür unter www.zinsen-berechnen.de.

Da es sich bei der Finanzierung einer Immobilie um ein langfristiges Projekt handelt, lohnt es sich auf jeden Fall mindestens zwei, besser drei Angebote zum Vergleich einzuholen.

Wenn Sie zu Beginn eine Sanierungsphase haben werden, gibt es die Möglichkeit, die Tilgung für diesen Zeitraum auszusetzen, Sie zahlen in dieser Zeit lediglich die Zinsen und beginnen mit der Rückzahlung des Kredites, wenn Sie auch mit der Vermietung starten.

Wenn Sie einen kompetenten Bankkontakt haben, hilft dies sicherlich weiter. Ansonsten können Sie über dieses Thema Kontakte aufbauen und die Qualität der Beratung vergleichen.

Kompakte Zusammenfassung des dritten Schrittes

Finanzierung	Durch die derzeit niedrigen Zinsen ist der Zeitpunkt, um in eine Immobilie zu investieren, günstig.
	Es stehen verschiedene Finanzierungsmodelle zur Verfügung, die ebenfalls die Höhe der Steuerersparnis beeinflussen.
	Die Festlegung der Finanzierungsdauer ist abhängig von den folgenden Kriterien: - Kaufpreis der Immobilie - Kalkulatorische Belegung - Eingesetztes Eigenkapital - Eigenes Lebensalter - Finanzkraft mit dem originären Einkommen

4   Einrichtung und Ausstattung des Feriendomizils

Schaffen Sie etwas Besonderes – ein Zuhause auf Zeit!
An dieser Stelle möchte ich Ihnen ans Herz legen, nicht an der verkehrten Stelle zu sparen. Planen Sie für die Einrichtung und Ausstattung des Hauses ein Budget. Schauen Sie nicht in den Keller, was da noch so steht und eigentlich schon zum Sperrmüll sollte. Ihre Gäste machen Urlaub. Ob das immer die schönste Zeit des Jahres ist, soll an dieser Stelle nicht geklärt werden, aber versuchen Sie Ihren Teil dazu beizutragen. Wenn Sie im Keller oder auf dem Boden noch ein, zwei wirklich schöne Stücke haben, können Sie diese gern verwenden, nicht alles muss neu sein, aber bitte keine Müllentsorgung in das Ferienhaus – um es deutlich auszudrücken.

In diesem Kapitel finden Sie zahlreiche Listen mit Einrichtungs-gegenständen. Sie erleichtern Ihnen Ihre Kalkulation im Vorwege - welche Beträge Sie für die Ausstattung Ihrer Immobilie einplanen sollten. Gleichzeitig erhalten Sie Checklisten, was Sie für die einzelnen Räume benötigen, was Sie unbedingt neu kaufen sollten und was Sie auch gut und günstig gebraucht erwerben können.
Was macht Ihr Domizil zu einem Zuhause auf Zeit? Ich gebe Ihnen Empfehlungen und rate von Dingen ab, wenn sie nach meiner Erfahrung nicht funktionieren. Und dann sind Sie an der Reihe. Planen Sie und kaufen Sie ein, gestalten Sie – werden Sie kreativ. Sie werden sehen, dieser Teil macht richtig Spaß!

Wenn Ihr Haus eingerichtet ist und Sie voller Stolz einen Rundgang machen, werden Sie vielleicht Lust verspüren, für ein paar Tage dort zu wohnen. Ich empfehle Ihnen: Tun Sie es!
Nur beim Probewohnen bemerken Sie, ob alles vorhanden ist, was Ihre Gäste für einen angenehmen Aufenthalt benötigen. Am effektivsten fällt dieser Test aus, wenn Sie mit der Maximalbelegung einen kleinen Urlaub machen, also: Checken Sie mit der ganzen Familie ein oder bringen Sie Ihre Freunde mit und verleben Sie eine gute Zeit, Sie haben es sich verdient!

Bevor es aber soweit ist, schauen Sie sich die einzelnen Räume an, erstellen Einkaufslisten und richten ein:

4.1   Dekorative Aspekte

Bei der optischen Gestaltung der Räume empfehle ich Ihnen, die folgenden Fragen zu berücksichtigen:

- o   Was spricht viele Gäste an?
- o   Was gefällt Ihnen?
- o   Was passt zu der Immobilie?
- o   Passt es vom Preis-Leistungs-Verhältnis?

Die Farbgestaltung der Wände bestimmt die grundsätzliche Atmosphäre eines Raumes. Helle, gelbe und orangefarbene Töne lassen die Sonne auch bei trübem Wetter scheinen. Wenn Sie aber selbst gelb absolut gar nicht mögen, dann wählen Sie eine andere Farbe. Vielleicht lieber beige als rosa...

Die Farben sollten zu der Immobilie passen, d.h. ein Bauernhaus mit kleinen Fenstern lieber in hellen Farben gestalten – zumindest die Wände, dann können Sie bei den Polstern kräftigere Farben wählen, die sind unempfindlicher. Wenn Sie eine moderne lichtdurchflutete Wohnung mit großen Fensterfronten haben, können Sie auch gern mehr Farbe an die Wände bringen. Gestalten Sie!

Der Preis ist bei allen Einrichtungselementen von der Tapete bis zum Sofa ein wichtiger Faktor. Ich empfehle Ihnen, das mittlere Preisniveau zu bevorzugen. Immer ganz hochwertig und teuer zu kaufen, rechnet sich in der Regel nicht. Die Dinge werden leider auch nicht von allen Gästen so pfleglich behandelt, wie Sie es erwarten könnten.

Billige Gegenstände taugen nichts, sind noch viel schneller zu ersetzen und sehen unter Umständen auch so aus.

Gehen Sie den Mittelweg. Ich werde bei Erstellung der Einrichtungslisten immer wieder Verweise geben, bei welchen Artikeln Sie gern auf Gebrauchtes zurückgreifen können. Manchmal kann man für das gleiche Geld lieber hochwertig gebraucht als preiswert neu kaufen.

4.2   Praktische und wirtschaftliche Erwägungen

Bevor Sie nun endlich anfangen Ihr Haus einzurichten, ein letztes Wort vorweg: Verfolgen Sie eine klare Linie. Stimmen Sie die Gegenstände aufeinander ab und schaffen Sie ein harmonisches Gesamtbild. Sie können die einzelnen Räume in unterschiedlichen Farben gestalten – auch was die Möbel betrifft, doch vermeiden Sie Sammelsurien innerhalb der einzelnen Räume. Das wirkt wie ,Resteverwertung'.

4.2.1   Wohnzimmer

Sie benötigen bequeme Sitzgelegenheiten für die maximale Anzahl der anreisenden Gäste. Bei schlechtem Wetter oder am Abend wollen sich die Urlauber von ihren Erkundungstouren oder sportlichen Aktivitäten erholen. Ganz wichtig sind Wlan und ein funktionierender Fernseher. DVD und CD erhöhen den Komfort. Polstermöbel halten länger als vermutet. Ich empfehle Ihnen, lieber neu und hochwertiger zu kaufen. Die Rechnung geht auf.
Wer Fernsehen über Satellit installiert und neue Geräte kauft, dem rate ich zu einem integrierten Receiver. Ein separates Gerät wird oft nicht ausgeschaltet, läuft unnötig heiß und verbraucht Strom, den Sie bezahlen. Außerdem ist die Handhabung mit einem Gerät einfacher.
Der Essbereich wird in diesem Beispiel ebenfalls in das Wohnzimmer integriert.
Auf den Fußboden kommt Laminat oder Parkett, beides ist sehr pflegeleicht. Oftmals ist Parkett nicht viel teurer und in alten Häusern authentischer. Ein kleiner Teppich gibt Gemütlichkeit.
Grundsätzlich können Sie Möbel sehr preisgünstig gebraucht kaufen, bei Polstermöbeln wäre ich da vorsichtig, Matratzen kaufen Sie lieber neu. Bei Tischen und Stühlen, Schränken, Bettgestellen und Nachtischen und auch bei ganzen Küchen können Sie gute Schnäppchen machen und viel Geld sparen. Manchmal brauchen Sie ein bisschen Zeit und Geduld, bis das richtige Angebot kommt. Schauen Sie gern einmal bei ebay herein.

Alle Preise in den nachfolgenden Tabellen sind Mittelwerte und Circa-Angaben, die Ihnen eine gute Kalkulationsgrundlage und gleichzeitig noch Spielraum bieten. Dabei handelt es sich um Neupreise, Preise für

Gebrauchtmöbel variieren zwischen einem Viertel und der Hälfte des Preises, abhängig von dem Alter der Möbel und Ihrem Glück bei der Schnäppchenjagd.

Einrichtungsgegenstand	neu/gebraucht	Kosten
Couchgarnitur für vier Personen	neu oder neuwertig	1.500,- €
Couchtisch	gebraucht möglich	200,- €
Esstisch und Stühle	gebraucht möglich	500,- €
TV, Receiver, DVD, Radio und CD	beides möglich	600,- €
Kleiner Teppich	neu	100,- €
Deckenlampen, Leselampen, gemütliche Beleuchtung	Schauen Sie nach Schnäppchen!	250,- €
Bilder, Deko, Sets etc.	gebraucht möglich	150,- €
Summe		3.300,- €

Tabelle 4: Checkliste Wohnzimmer

4.2.2   Schlafzimmer

Wichtig für die Gäste ist, dass es sich um Doppelbetten handelt - nicht lediglich um zwei Betten in einem Raum, schlimmstenfalls über Eck gestellt.
Wenn die Schlafzimmer klein sind, kommen teilweise nur 1,40 m breite Betten in Frage - gibt der Platz es her, wählen Sie ruhig breitere Varianten. Durchgehende Matratzen von mindestens mittlerer Qualität runden den Komfort ab. Schön sind Bettdecken in Übergröße (1,55 x 2,20 m) aus Kunstfasern. Sie sind Allergiker freundlich und leicht wasch- und trockenbar. Bettwäsche würde ich in jedem Fall anbieten. Ein nicht bezogenes Bett sieht nicht einladend aus und nach einer möglicherweise langen Fahrt noch die Betten beziehen zu müssen, lässt keine Urlaubstimmung aufkommen. Sie benötigen mindestens doppelt so viel Bettwäsche wie Sie Betten anbieten.

Einrichtungsgegenstand	neu/gebraucht	Kosten
Bettgestell, Lattenroste	beides möglich	400,- €
Nachtische, Leselampen	gebraucht möglich	170,- €
Matratze mit Matratzenschoner	neu	400,- €
Zwei Bettdecken und Kopfkissen	neu	150,- €
vier Mal Bettwäsche zwei große Spannlaken	neu	100,- €
Kleiderschrank mit Bügeln	gebraucht möglich	300,- €
Lampen	gebraucht möglich	100,- €
Bettvorleger, kleiner Teppich	neu	50,- €
Bilder, Deko	gebraucht möglich	150,- €
Rollos/Jalousien	neu	100,- €
Summe		1.920,- €

Tabelle 5: Checkliste für ein Schlafzimmer

4.2.3 Küche

Die Küche sollte nicht zu eng sein und ausreichend Platz bieten, um gemeinsam zu kochen. Sorgen Sie für ausreichend Koch- und Essgeschirr. Für relativ kleines Geld können Sie hier Komfort schaffen. Ferienhausurlauber sind Selbstversorger und es ist angenehm, wenn Besteck und Geschirr in üppiger Menge vorhanden sind.

Schauen Sie in Ihre eigene Küche und machen Sie eine Liste, für den ‚Kleinkram' wie Bratenwender, Kellen, Kochlöffel, Dosenöffner, Korkenzieher, Flaschenöffner, Brot- und andere Spezialmesser. Auch Extras wie z.B. eine Knoblauchpresse und Topflappen lassen im Urlaub das Herz des Hobbykochs höher schlagen. Untersetzer und Bretter schonen Ihr Material.

Einrichtungsgegenstand	neu/gebraucht	Kosten
Einbauküche	gebraucht möglich	2.500,- €
Kühlschrank mit Gefrierfach	gebraucht möglich (Energieverbrauch beachten!)	400,- €
Herd/Ofen	gebraucht möglich (Energieverbrauch beachten!)	400,- €
Geschirrspüler incl. Taps	gebraucht möglich	500,- €
Kochgeschirr, also Töpfe und Pfannen	neu	150,- €
Ess- und Kaffeegeschirr, also Teller und Tassen	neu	150,- €
Gläser für Wasser, Wein, Sekt, Bier, Schnaps	neu	30,- €
Kaffeemaschine, Wasserkocher, Toaster	neu und nicht zu preiswert kaufen!	150,- €
Spülbürste und –tuch Geschirrspülmittel	neu	Toller Service Kleines Geld
Summe		4.280,- €

Tabelle 6: Checkliste für die Küche

Die folgende Tabelle zeigt Küchenextras, die den Komfort erhöhen und sich positiv auf die Belegungszahlen auswirken können.

Einrichtungsgegenstand	neu/gebraucht	Kosten
Waschmaschine incl. Waschtaps	gebraucht möglich	500,- €
Gewürze, Essig, Öl Folien, Müllbeutel, Kaffeefilter, Tee, Zucker, Mehl	neu	Toller Service Kleines Geld
Summe		500,- €

Tabelle 7: Checkliste Küchenextras

4.2.4 Badezimmer

Davon ausgehend, dass WC, Waschbecken und Dusche vorhanden sind, benötigen wir im Bad eine ausreichende Anzahl von Haken, Ringen oder Stäben für Handtücher. Bei diesen Kalkulationen denken Sie bitte immer an die maximale Anzahl der anreisenden Personen.
Schön ist, wenn ausreichend Ablageflächen für die Hygieneartikel vorhanden sind. Ein gefüllter Seifenspender, eine (saubere!) WC-Bürste und ein Reiniger gehören zur Standardausstattung. Handtücher können Sie anbieten, müssen Sie nicht, wohl aber Badvorleger.

Tipp
Wenn Sie vor Ihrer Dusche einen Duschvorhang haben, halten Sie Reserve vor, damit Ihre Betreuung ihn auch während der Saison waschen kann.

Einrichtungsgegenstand	neu/gebraucht	Kosten
Duschvorhänge, Badvorleger	neu	60,- €
Seife, Reiniger, eine Rolle Toilettenpapier für den Start	neu	Toller Service - Kleines Geld
Lampen, Spiegel, Ablagen, Rollenhalter, Seifenspender, Haken, Duscharmatur	neu	300,- €
Summe		360,- €

Tabelle 8: Checkliste für das Badezimmer

4.2.5   Flur

Je nachdem wie groß der Eingangsbereich ist, können Sie eine Garderobe oder sogar einen Schrank für Jacken und Mäntel installieren. Eine Ablage für Schuhe ist sinnvoll. Außerdem benötigen Sie Beleuchtung, eventuell einen Spiegel oder einfach Bilder und Dekoration.
Sinnvoll sind eine Schmutzfangmatte (innen) und eine Fußmatte vor der Eingangstür.

Einrichtungsgegenstand	neu/gebraucht	Kosten
Garderobe, Schuhfach	beides möglich	200,- €
Fußmatten	neu	60,- €
Spiegel, Bilder, Deko	beides möglich	100,- €
Summe		360,- €

Tabelle 9: Checkliste für den Flur

4.2.6   Allgemeines

An dieser Stelle sollen noch einige Ausstattungsmerkmale erwähnt werden, die nicht zimmerspezifisch sind. Es werden Reinigungshelfer wie Staubsauger, Besen und Kehrset benötigt, damit Ihre Hausbetreuung reinigen kann. Gummibesen sind nachhaltiger als herkömmliche Modelle. Es ist sinnvoll, sie den Gästen zugänglich aufzubewahren. Wenn die Urlauber während des Aufenthaltes durchfegen können, steigert es die Zufriedenheit der Gäste und Ihrer Reinigungskraft wird die Arbeit erleichtert.

Im Bereich Service können Sie mit weiteren Kleinigkeiten punkten. Stellen Sie Informationsmaterial über den Nahverkehr (Streckennetz und Fahrpläne), Radwanderkarten, Reiseführer und/oder Gezeitenpläne – je nach Umgebung des Hauses - zur Verfügung. Die Gäste freuen sich über Flyer von Restaurants, die Sie empfehlen können.
Sicherheitsaspekte können Sie in Form von Feuerlöschern, Rauch-meldern und Verbandskasten erhöhen. Im Notfall profitieren Sie selbst ebenfalls davon. Ergänzen können Sie dies mit Notfallnummern von Ärzten für Mensch und Tier – außerdem einen Notapothekenplan.

Mittlerweile ein Muss ist ein Internetanschluss. Viele Gäste reisen zwar mit einem mobilen Internetzugang, doch das Vorhandensein von Wlan wird erwartet. Die Kosten müssen kalkuliert werden und verteilen sich bei einem Mehrfamilienhaus auf die entsprechenden Wohneinheiten.

Einrichtungsgegenstand	neu/gebraucht	Kosten
Staubsauger	beides möglich	200,- €
Besen, Kehrset, Schrubber etc.	neu	100,- €
Informationsmaterial	neu	50,- €
Sicherheit: Feuerlöscher, Rauchmelder, Verbandskasten	neu	80,- €
Interneteinrichtung	neu	100,- €
Summe		530,- €

Tabelle 10: Checkliste Allgemeines, Service und Sicherheit

4.2.7   Garten bzw. Balkon

Wenn Sie ein Haus mit Terrasse und/oder Garten vermieten wollen, kommt an dieser Stelle eine Herausforderung auf Sie zu: Gartenmöbel.

Egal, für welches Material Sie sich entscheiden, die Pflege und Instandhaltung sind problematisch. Je salziger die Luft auf Ihrem Grundstück, also je näher die Küste ist, desto kürzer halten Ihre Möbel. An der Nordsee ist dies noch schlimmer als an der Ostsee. In der Regel stehen die Möbel den gesamten Sommer bei Wind und Wetter draußen und leiden.

Investieren Sie nicht zu große Summen, denn die teuren Gartenmöbel halten auch nicht länger als die preiswerten und die Lebenszyklen sind kurz.

Eine lohnenswerte Alternative sind Strandkörbe mit einer qualitativen Abdeckhaube. Diese wird auch von den Gästen immer wieder über das gute Stück gezogen, die Lebensdauer ist entsprechend lang und die höhere Anfangsinvestition lohnt sich.

Einrichtungsgegenstand	neu/gebraucht	Kosten
Strandkorb mit Haube	gebraucht möglich	500,- €
vier Liegen, z.B. Alu-Relaxliegen	neu	120,- €
Tisch und vier Stühle aus Kunststoff	neu	200,- €
Grill	neu	50,- €
Summe		870,- €

Tabelle 11: Checkliste Außenbereich

Kompakte Zusammenfassung des vierten Schrittes

Einrichtung	Schaffen Sie etwas Besonderes – ein Zuhause auf Zeit! Sparen Sie nicht an der verkehrten Stelle und planen Sie die Einrichtung des Hauses mit einem Budget.
	Werden Sie kreativ und gestalten Sie – dieser Teil des Projektes macht richtig Spaß!
	Bei der Einrichtung des Ferienhauses sind sowohl dekorative als auch praktische und wirtschaftliche Erwägungen wichtig.
	Die Einrichtungslisten dienen als Orientierungshilfe für die Planung Ihres Budgets.
	Nach der Einrichtung des Hauses empfiehlt sich ein Probewohnen mit der Maximalbelegung als Praxistest.

5   Vermarktung

Nach der Einrichtung kommt die Vermarktung.

Bitte gehen Sie genauso sorgfältig vor, wie bei der Ausstattung Ihres Hauses. Ein professioneller Auftritt erleichtert alles und ohne Werbung geht nichts! Ihr Domizil kann noch so schön gelegen, heimelig eingerichtet und komfortabel ausgestattet sein, wenn es niemand weiß, kann auch keiner buchen.

Dieses gilt übrigens nicht nur für den Start der Vermarktung. Auch wenn Sie nach einiger Zeit Stammgäste haben, der Großteil der Gäste sind jedes Jahr Neubucher. Nur durch Empfehlungen und Wiederkehren der Stammgäste werden Sie in der Regel keine hohen Belegungszahlen realisieren.

Entwerfen Sie als privater Vermieter professionelle Reiseunterlagen. Machen Sie Verträge mit Ihren Gästen - schaffen Sie Vertrauen!

Heutzutage ist das Internet das wichtigste Instrument, die meisten Anfragen und Buchungen werden per eMail gesendet. Da Sie bei der Buchung kaum persönlichen Kontakt haben, gibt es Ihren Gästen Sicherheit, wenn sie ihre Bestätigung in einem einheitlichen professionellen Erscheinungsbild bekommen. Zudem vertrauen die Gäste, dass auch das Domizil eine entsprechende Qualität aufweist – dies wird im Marketing als Imagetransfer bezeichnet.

Damit Sie nicht lediglich volle Auftragsbücher haben, sondern auch gewährleisten, dass die Gäste wirklich kommen, empfehle ich in jedem Fall, bei der Buchung eine Anzahlung zu fordern. Im Übrigen können Sie damit die Saisonschwankungen ein wenig glätten, da Sie auch bereits in schwach belegten Zeiten - in denen die Buchungen für die Saison kommen – Geldeingänge haben.

Im Laufe dieses Kapitels werden die Vertrags- und Zahlungsbedingungen detailliert beschrieben. An dieser Stelle sei schon einmal darauf hingewiesen, dass Sie mit qualitativen, vollständigen Buchungsunterlagen Vertrauen für die Überweisung einer Vorauszahlung schaffen.

5.1 Corporate Identity

Das einheitliche Erscheinungsbild im Marketing wird Corporate Identity oder kurz CI genannt. Dazu gehören ein Logo, eine einheitliche Schriftart und –farbe, die sich auf allen Dokumenten und Werbemitteln wiederfinden. Das Logo ist in der Regel ein Symbol, das zur Identifikation eines Unternehmens dienen soll, wie zum Beispiel die Muschel der Firma Shell. Bei einer Ferienimmobilie bietet sich als ‚Logo' ein Foto vom Ihrem Haus an, das auf allen Unterlagen erscheint.

Geben Sie Ihrem Domizil einen Namen. Was ist das Besondere an Ihrem Haus? Ist es die Lage am Meer oder an einem See? Hat man aus der Wohnung einen phantastischen Blick auf die Alpen? Oder handelt es sich um ein spezielles altes Bauwerk, eine alte Schule, ein Fachwerkhaus? Nehmen Sie ein besonderes Merkmal in den Namen auf und schauen Sie im Internet, ob ein Wettbewerber bereits die gleiche Idee hatte. Als weiterer Bestandteil können Sie die Ortsbezeichnung aufnehmen. Das schafft eine eindeutige Zuordnung und kann Ihnen eine freie Domain bescheren - also Ihre Adresse im Internet. Zur Präsentation Ihres Ferienhauses benötigen Sie eine eigene Internetseite, auf der sich Ihre Interessenten über Ihr Angebot informieren können. Mittlerweile sind zahlreiche kurze Namen reserviert und es ist nicht mehr so einfach einen prägnanten Titel zu finden.
Lassen Sie sich von Freunden in der Namensfindung für Ihr Traumhaus unterstützen. Auch Wohnzeitschriften können Sie vielleicht inspirieren. Was für die Wahl des Domain-Namens noch wichtig ist und wie Sie überprüfen können, ob eine Internetadresse frei ist, ist Bestandteil des Kapitels Internetwerbung.

Im ersten Schritt benötigen Sie Briefpapier. Lassen Sie es sich entwerfen oder machen Sie es selbst, wenn Sie entsprechende Programme auf Ihrem Computer haben, damit umgehen können und entsprechend kreativ sind. Darauf erstellen und drucken Sie Ihre Buchungsunterlagen. Wenn der Name Ihres Hauses noch nicht endgültig feststeht, macht dies nichts - verwenden Sie einen Arbeitsnamen.

5.2   Buchungsunterlagen

Von einigen wenigen Ausnahmen abgesehen verschicke ich meine
Buchungsunterlagen auf dem herkömmlichen Postweg. Das hat neben
dem professionellen Eindruck den großen Vorteil, dass ich die Adresse
des Gastes überprüfen kann. Es ist zwar in meiner langjährigen
Vermietungspraxis noch nicht einmal vorgekommen, dass eine Adresse
falsch war, aber Sie überlassen Ihrem Gast ein vollständig eingerichtetes
Haus und bekommen ein paar hundert Euro dafür. Es kommt selten zu
größeren Beschädigungen, aber es gibt Sicherheit zu wissen, über welche
Adresse Forderungen gestellt werden können.
Folgende Bestandteile gehören in Ihre Buchungsunterlagen:

- Anschreiben
- Zwei Exemplare des Mietvertrages
- Wegbeschreibung
- Serviceseite

Wenn Sie einen Flyer bzw. Hausprospekt drucken lassen, legen Sie ihn
gern dazu. Auch Post- und Visitenkarten sind sinnvoll und erhöhen die
Qualität Ihrer Unterlagen.

5.2.1   Das Anschreiben

Mit dem Anschreiben danken Sie dem Gast für seine Buchung und geben
ihm organisatorische Informationen für die Bezahlung und die Anreise.
Senden Sie Ihren Gästen zwei Exemplare des Mietvertrages, die von Ihnen
noch nicht unterschrieben sind. Lassen Sie erst den Gast unterschreiben
und die Vorauszahlung überweisen und senden Sie ihm dann sein
Exemplar mit Ihrer Unterschrift. Es kommt vor, dass sich Urlauber einen
Vertrag zusenden lassen, ihn aber nicht unterschreiben. Dafür gibt es
unterschiedliche Gründe. Manche überlegen es sich anders oder haben
mehrere Anfragen parallel laufen. Möglich ist auch, dass ihnen die
Vorauszahlung zu hoch ist. Ich nehme 50 Prozent des Mietpreises als
Anzahlung bei Buchung. Die meisten Gäste akzeptieren diese
Zahlungsbedingungen und ich kann sicher sein, dass die Buchung ernst

gemeint ist. Auch bei einer Pauschalreise sind in der Regel hohe Anzahlungen zu leisten, somit verlangen Sie nichts Ungewöhnliches.

Lassen Sie sich die Mobilnummer Ihrer Gäste geben, Sie können sie bei der Anreise und während des Aufenthaltes in Ihrem Haus erreichen, falls es einmal Probleme oder einen Notfall gibt.
Da Sie die meisten Anfragen per eMail erreichen, haben Sie automatisch die eMail-Adresse des Gastes. Wenn die Buchung per Telefon getätigt wird, macht es Sinn, die Kontaktdaten des Buchenden um die elektronische Adresse zu ergänzen. Kurze Informationen, die die Betreuung betreffen oder eine Änderung im Organisationsablauf, können Sie auf diesem Wege schnell und kostengünstig mitteilen.
Ebenso können Sie so die Restzahlung anmahnen, wenn sie nicht fristgerecht überwiesen wird, was selten, aber doch ab und zu vorkommt. Lassen Sie sich den Rest der Miete sechs Wochen vor Anreise zahlen. Sollte es zu Verzögerungen kommen, haben Sie genügend Handlungsspielraum vor Anreise des Gastes und können sicher sein, dass die gesamte Zahlung auf Ihrem Konto ist, wenn die Urlauber Ihr Haus beziehen.

Geben Sie den Gästen Informationen über den Empfang vor Ort. Sie benötigen dazu die Mobilnummer der Betreuung, die den Schlüssel übergibt. Lassen Sie die Gäste ungefähr zwei Tage vor Anreise den geplanten Ankunftszeitpunkt abstimmen, damit Ihre Mitarbeiterin ihre Zeiteinteilung für den Tag machen kann.

Tipp
Lassen Sie die Urlauber bei Anreise anrufen, wenn sie noch eine Stunde Fahrtzeit übrig haben. Ihre Hausbetreuung braucht dann nicht unnötig lange vor Ort zu warten.

Weisen Sie die Gäste im Anschreiben gern darauf hin, wenn sie Bettwäsche oder Handtücher mitbringen sollen. Geben Sie an, welche Größe Ihre Bettdecken haben.
Schließlich sollten Ihre Kontaktdaten auf den Unterlagen nicht fehlen, insbesondere Adressen für die Abwicklung des Schriftverkehrs –

postalisch und elektronisch, Ihre Rufnummern und Ihre Kontonummer für die Mietzahlung. Wenn Sie mehrere Objekte vermieten, empfehle ich für jedes Haus – nicht für jede Wohneinheit innerhalb des Hauses – eine eigene Bankverbindung einzurichten. Behandeln Sie jedes Objekt als separaten Betrieb. Dies ist ebenfalls aus steuerlichen Gründen relevant.

Das Anschreiben kann wie folgt aussehen und sollte eine Seite nicht überschreiten:

Reetkate Tating

Martendorf 13   *   25881 Tating

Herrn
Max Mustergast
Mustergasse 123

45678 Musterort

Over, den 21. Juni 2017

Ihre Buchung

Guten Tag Herr Mustergast,

vielen Dank für Ihre Buchung, wie versprochen erhalten Sie auf dem Postwege Ihre Unterlagen für Ihren Urlaub im September 2017 in meinem Haus in Tating.

Bitte senden Sie beide Exemplare (oder einfach per eMail) unterschrieben an mich zurück, und überweisen Sie die Vorauszahlung / Entschädigung auf das unten stehende Konto, damit aus Ihrer Reservierung eine feste Buchung werden kann.
Die Restzahlung ist 6 Wochen vor Anreise fällig. Bitte ergänzen Sie Telefon- und Mobilnummer (damit wir Sie ggf. im Haus erreichen können) und eMail-Adresse.

Den Schlüssel bekommen Sie vor Ort. Die Betreuung vor Ort ist Herr Erich Obermüller. Er wird Sie im Haus empfangen. Bitte rufen Sie sie zur Abstimmung Ihres ungefähren Anreise-Zeitpunktes spätestens 2 Tage vor Anreise an. Sie erreichen ihn unter 017x 234 56 78. Ich werde sie informieren. Sie können das Haus ab 15 Uhr beziehen.

Bitte bringen Sie Hand- und Küchentücher – und was Sie für Ihren Hund brauchen - mit. Bettwäsche und Badvorleger sind inklusive.

Ich wünsche Ihnen einen schönen Urlaub und bis dahin eine gute Zeit!

Mit sonnigen Grüßen

Stefanie Schreiber

Stefanie Schreiber
Alter Elbdeich 124 * 21217 Seevetal-Over
040 / 69 69 195 -15 * 0173 230 1664
Stefanie.Schreiber@Reetkate.de * www.Reetkate.de
Nord-Ostsee Sparkasse * Kto-Nr: 141035584 * BLZ: 217 500 00 * IBAN DE98 2175 0000 0141 0355 84

Abbildung 1: Anschreiben der Buchungsunterlagen

5.2.2   Der Mietvertrag

Ich empfehle Ihnen, mit jedem Gast einen schriftlichen Mietvertrag abzuschließen. Ausnahmen mache ich bei sehr kurzfristigen Buchungen, da haben Sie keine Zeit für einen aufwändigen Postlauf und eine Bestätigung über eMail muss genügen. Es ist sinnvoll, wenn Sie sich in diesem Fall die Buchungsbestätigung rückbestätigen lassen. Je nachdem, wie kurzfristig die Buchung ist, können Sie sich die Mietzahlung überweisen lassen. Da die meisten Menschen heute am Online-Banking teilnehmen, geht dieses sehr schnell. Alternativ zahlen die Gäste bar bei Anreise. Lassen Sie sich auf keinen Fall auf eine Mietzahlung bei Abreise ein! Es ist üblich im Voraus zu bezahlen. Es gibt leider auch unter Feriengästen schwarze Schafe. Vermeiden Sie es, sich in eine Situation zu begeben, in der Sie Ihrem Geld hinterherlaufen müssen!

In den Vertrag gehören neben Ihren Daten, die vollständigen Kontaktdaten des Gastes. Weitere Angaben sind:

- Genaue Objekt- bzw. Wohneinheitsbezeichnung
- Mietzeit
- Anzahl der anreisenden Personen
- Möglicherweise die Anzahl der anreisenden Tiere
- Anzahl der Nächte mit Angabe des Mietpreises je nach Saison und der Gesamtsumme
- Preis gestaffelt nach anreisenden Personen
- Nebenkosten wie
  - Reinigung
  - Wäschepaket
  - Kurtaxe
  - Kaution
  - Energiekosten
  - Aufpreis für Tiere
- Höhe der Vorauszahlung mit Zahlungsdatum
- Höhe der Restzahlung mit Zahlungsdatum
- Zahlungskonditionen und Prozedere
- Hinweise auf An- und Abreisezeiten.

Die Anzahl der anreisenden Personen hat in der Regel keinen Einfluss auf den Mietpreis, Sie benötigen diese Angabe für die Disposition der Bettwäsche und der Handtücher. Zur Vermeidung von Überbelegungen, die leicht zu Unzufriedenheit führen können, ist es wichtig zu wissen, wie viele Gäste anreisen.

Gleiches gilt für die Zahl der Tiere. Oftmals sind dies Hunde, aber wir hatten auch schon Katzen, sogar Meerschweinchen und einen Papagei. Manchmal fragen die Interessenten der weiteren Wohneinheiten, ob und wie viele Tiere bereits gebucht sind. Möglicherweise wollen Sie auch Aufpreise pro Hund nehmen, eine Alternative sind zwei Hunde frei pro Wohneinheit, für jeden weiteren fünf bis zehn Euro pro Nacht. Davon abgesehen, ist nicht jede Immobilie oder ihr Umfeld für Haustiere geeignet. Entscheiden Sie selbst!

Zum Thema Nebenkosten empfehle ich Ihnen, ein möglichst einfaches Konzept zu entwerfen, damit Ihr Verwaltungsaufwand nicht unnötig hoch wird. Es kostet Ihre Zeit, wenn Sie diese Aufgaben selbst übernehmen oder Ihr Geld, wenn Sie eine Agentur beauftragen. Im Einzelnen:

- Reinigung
  Die Reinigung ist eine Dienstleistung, die zusätzlich zur Überlassung der Ferienimmobilie verkauft wird. Da die Aufenthalte der Gäste unterschiedlich lang sind, ist es betriebswirtschaftlich sinnvoll, diese separat zu berechnen. Um den Gesamtaufwand der Verwaltung möglichst niedrig zu halten, gibt es einen einheitlichen Preis – unabhängig wie viele Tage mit wie vielen Personen und Tieren belegt werden.

  Ich empfehle Ihnen, die Reinigung zu einer Pflichtbuchung zu machen. Vermieten Sie lediglich an Gäste, die bereit sind, die Reinigung zu bezahlen. Der Vorteil ist, dass Sie einen einheitlichen Standard haben. Die Reinigung durch die Gäste ist auch organisatorisch nicht möglich, denn sie würden es als Endreinigung ausführen. Wenn jedoch die nächsten Gäste erst zwei oder vier Wochen später anreisen, müsste noch einmal geputzt werden. Im Grunde verkaufen Sie also eine

‚Anfangsreinigung' auch wenn sich der Name ‚Endreinigung' eingebürgert hat. Nach Abreise wird lediglich gereinigt, wenn direkt die nächsten Gäste kommen.

Tipp
Sollte sich ein Interessent bei Buchung über die zusätzlichen Reinigungskosten beklagen – fragen Sie ihn, ob er sich den letzten Urlaubstag mit der Reinigung der Wohnung verderben möchte. Das führt fast immer zum Einlenken und zur Buchung.

⊥ Wäschepaket
Sie können die Nutzung Ihrer Bettwäsche und Handtücher pro Person für einen bestimmten Betrag anbieten, z.B. zehn Euro pro Wäschepaket - das ist eine der üblichen Varianten. Eine Alternative ist, die Nutzung der Wäsche als Bestandteil der Reinigung abzurechnen.
Sie können Bettwäsche zur Verfügung stellen und Hand- und Küchentücher mitbringen lassen. Das verringert den Waschaufwand für die Hausbetreuung und stellt für die Gäste lediglich eine geringe Serviceeinbuße dar, da die Handtücher ja nur auf den Haken gehängt werden müssen.

Tipp
Wenn Sie ein Domizil in Strandnähe vermieten, überlegen Sie, ob Sie Handtücher ‚vermieten' wollen. Manche Gäste nehmen sie mit an den Strand, dadurch können sie schnell unansehnlich werden.

- Kurtaxe
  Wenn Ihr Haus in einem Kurtaxe pflichtigen Gebiet steht, lassen Sie sich als Vermieter diese Abgabe von den Gästen zahlen und führen diese dann an die Kurverwaltung ab. Sie tragen die Kosten für diesen Verwaltungsaufwand.

- Kaution
  Manche Vermieter nehmen als Sicherheit eine Kaution, wie bei der festen Vermietung. Auch wenn immer wieder einmal Schäden auftreten, meistens sind es Kleinigkeiten und die meisten Gäste kommen dafür von selbst auf. Es gilt zwischen Sicherheit und erhöhtem Verwaltungsaufwand abzuwägen.

- Energiekosten
  Strom, Wasser und Heizung werden in der Regel nicht separat berechnet. Bedenken Sie, es müssten bei jedem Wechsel die Zähler abgelesen werden.

- Aufpreis für Tiere
  Wie bereits beschrieben wird dies unterschiedlich gehandhabt. Viele Vermieter verzichten auf Aufpreise. Recherchieren Sie einfach für Ihre Region oder entscheiden Sie nach Ihrer persönlichen Vorliebe - fünf bis zehn Euro pro Tag und Tier sind durchsetzbar.

- Mietpreis gestaffelt nach anreisenden Personen
  Manche Vermieter geben den Preis für das Domizil für zwei Personen an, jeder weitere Gast kostet dann zehn Euro extra. Wenn Ihnen diese Idee gefällt, können Sie das gern so machen. Es ist Ihr Haus und Ihr Geschäft.

Informieren Sie in dem Vertrag über das Prozedere der Abwicklung. Lassen Sie sich ein Vertragsexemplar schicken und die Vorauszahlung überweisen und senden Sie erst dann den Mietvertrag mit Ihrer Unterschrift zurück – gerne per eMail.

Geben Sie die Uhrzeiten an, ab wann die Gäste das Haus beziehen dürfen. Übliche Zeiten sind 15 oder 16 Uhr.

Gleiches gilt für die Abreisezeit: 10 Uhr. Damit haben Sie die Mietzeit klar bestimmt und die Gäste wissen und unterschreiben, wann Sie das Haus wieder verlassen müssen. Sie benötigen dieses Zeitfenster zum Reinigen des Hauses, wenn Sie einen direkten Bettenwechsel haben.

↓ Entschädigung und Stornogebühren

Es kommt sehr selten vor, dass die Gäste feste Buchungen wieder stornieren. Es ist sinnvoll, für diesen Fall Bedingungen und Stornogebühren je nach Zeitpunkt vor Anreise in den Vertrag aufzunehmen und unterschreiben zu lassen.

Dies kann wie folgt aussehen:

Stornierung und Aufenthaltsabbruch

1. Storniert der Mieter den Vertrag vor Mietbeginn, sind als Entschädigung die folgenden Beträge zu entrichten, sofern eine anderweitige Vermietung nicht möglich ist.
   Kündigung bis
   o 49 Tage vor Anreise: 10% des Mietpreises
   o 35 Tage vor Anreise: 30% des Mietpreises
   o 21 Tage vor Anreise: 60% des Mietpreises
   o 14 Tage vor Anreise: 90% des Mietpreises
   o unter 14 Tage vor Anreise: 100% des Mietpreises
   Der Vermieter versichert, dass er sich bemüht, das Objekt anderweitig zu vermieten.

2. Bricht der Mieter den Aufenthalt vorzeitig ab, bleibt er zur Zahlung des vollen Mietpreises verpflichtet.

3. Die Stornierung muss schriftlich erfolgen. Maßgeblich ist der Tag des Zugangs der Kündigung bei dem Vermieter.

Sie können dies auch noch simpler gestalten. In meinen Verträgen ist die Vorauszahlung gleichzeitig Entschädigung, d.h. ich könnte maximal den Betrag der Anzahlung bei einer Stornierung einbehalten. In der Praxis mache ich es von dem Zeitraum abhängig, der noch bis zur Anreise besteht. Bisher gab es immer eine Einigung.

Durch die Vermietung über das Internet können Sie im Zweifel sehr schnell ‚Ersatzgäste' finden, wenn kurzfristig storniert wird. Sie behalten von der Vorauszahlung eine Verwaltungsgebühr ein. Wenn Sie den spät buchenden Gästen einen Last-Minute-Rabatt gewähren, können Sie den von der Vorauszahlung der Stornierenden abziehen. Üblich sind zehn Prozent, wenn zwischen Buchung und Anreise weniger als 14 Tage liegen.

Rechtstipp
Bei der Staffelung der Stornogebühren handelt es sich um ein Beispiel. Es lässt sich keine generelle Empfehlung geben, die vor der Justiz Bestand hat. Es wird davon ausgegangen, dass die Entschädigung für beide Vertragspartner angemessen sein muss.

Reetkate Tating

Martendorf 13   *   25881 Tating

Mietvertrag

zwischen Stefanie Schreiber und

Mieter: Max Mustermann
Straße: Mustergasse 123
Ort: 45678 Musterort
Tel.: 0xx1 234 5678
mobil: 017x 987 6543
eMail: Max.Mustermann@t-online.de

Mietzeit: 01. - 15.09.2017
Personenzahl: 5 + 4 Hunde

Mietabrechnung:

Anzahl	Bezeichnung	Einzelpreis	Gesamtpreis
14	Übernachtungen große Haushälfte	88,- €	1.232,- €
14	Übernachtungen kleine Haushälfte	65,- €	910,- €
2	Reinigung incl. Bettwäsche und Badvorleger	85 + 60,- €	145,- €
	Vorauszahlung/Entschädigung sofort		1.140,- €
	Rest bitte zum 21.07.16 überweisen		1.147,- €

_____   _____
Datum und   Unterschrift der Vermieterin
Unterschrift des Mieters   Stefanie Schreiber

Bitte senden Sie den Vertrag (beide Exemplare) möglichst bald unterschrieben an mich zurück, damit aus Ihrer Reservierung eine feste Buchung werden kann. Sie können das Haus am Anreisetag ab 15 Uhr beziehen, bitte räumen Sie es am Abreisetag bis 10 Uhr. Bitte bringen Sie Hand- und Küchentücher mit.

Die Vorauszahlung überweisen Sie bitte auf das untenstehende Konto. Sie ist sofort fällig und Bestandteil des Vertrages. Nach Eingang erhalten Sie Ihr Exemplar des Mietvertrages.

Stefanie Schreiber
Alter Elbdeich 124 * 21217 Seevetal-Over
040 / 69 69 195 -15 * 0173 230 1664
Stefanie.Schreiber@Reetkate.de * www.Reetkate.de
Nord-Ostsee Sparkasse * Kto-Nr: 141035584 * BLZ: 217 500 00 * IBAN DE98 2175 0000 0141 0355 84

Abbildung 2: Beispiel für Ihren Mietvertrag

5.2.3 Die Wegbeschreibung

Natürlich ist eine Wegbeschreibung heutzutage für die meisten Menschen nicht mehr so wichtig, da Navigationsgeräte weit verbreitet sind. Trotzdem ist es ein schöner Service und komplettiert Ihre Buchungsunterlagen.

Dafür gibt es zwei Möglichkeiten:
Sie können auf Ihrem Briefpapier selbst eine Wegbeschreibung verfassen. In diesem Fall haben Sie wieder den optischen Bezug zu Ihrem Haus. Es wirkt sehr persönlich, obwohl es eine Standardwegbeschreibung ist, die Sie bei jeder Buchung lediglich auszudrucken brauchen.

Die Alternative: Sie geben die Adressen des Gastes und Ihres Domizils bei Google Maps ein und drucken ihm diese Wegbeschreibung aus. Der Vorteil ist eine detailliertere Beschreibung ergänzt mit Kilometer- und voraussichtlichen Fahrtzeitangaben.
Diese müssen Sie bei jeder Buchung neu erstellen, jedoch ist der Aufwand überschaubar und ein guter Service für Ihren Gast.
Die zweite Variante ist außerdem empfehlenswert, wenn Ihre Gäste aus sehr unterschiedlichen Richtungen anreisen.

Schauen Sie sich die Beispiele auf den nachfolgenden Seiten an und entscheiden Sie, was Ihnen besser gefällt.

 # Reetkate Tating

Martendorf 13   *   25881 Tating

Wegbeschreibung aus dem Süden

A7-Hannover-Horster Dreieck-Hamburg-Südwest-Elbtunnel-Hamburg-Nordwest.

Am Dreieck Nordwest die A7 verlassen und auf die A23 wechseln.

Richtung Hamburg-Eidelstedt-Pinneberg-Elmshorn-Itzehoe-Heide.

Auf der A23 bis zum Autobahnende Heide-West. Von dort direkte Weiterfahrt über die Bundesstraße 5a bis Tönning. Am Dreieck Tönning wechseln Sie auf die Bundesstraße 202 in Richtung St.Peter-Ording. Auf der B202 bleiben und über Katharinenheerd-Garding-Tating fahren. Nach Verlassen der 30km/h-Zone im Dorfbereich Tating sind noch ca. 800m zurückzulegen. Längs der Straße stehen nur noch vereinzelt Häuser. Auf der linken Seite an der Abzweigung einer Stichstraße finden Sie die weiß gestrichene Reetkate Tating – Martendorf 13.

Es ist das zweite weiße Reetdachhaus auf der linken Seite hinter Tating.

Gute Fahrt!

Abbildung 3: Beispiel 1 für Ihre Wegbeschreibung

93

 Route nach Martendorf 13, 25881 Tating
97,0 km – ca. 1 Stunde 28 Minuten

A Kragelund 2, 24407 Oersberg

1.	Auf **Kragelund** nach **Süden** Richtung **Arrild** starten	500 m weiter gesamt 500 m
2.	Weiter auf **Landesstraße**	240 m weiter gesamt 750 m
3.	Rechts abbiegen auf **Arrild** Ca. 55 Sekunden	650 m weiter gesamt 1,4 km
4.	Weiter auf **An der Kreisstraße** Ca. 1 Minute	1,1 km weiter gesamt 2,5 km
5.	Weiter auf **Wagersrottstraße** Ca. 2 Minuten	1,7 km weiter gesamt 4,2 km
6.	Weiter auf **Gangerschildstraße** Ca. 45 Sekunden	850 m weiter gesamt 5,0 km
7.	Weiter auf **Fischerotter Straße**	400 m weiter gesamt 5,4 km
8.	Nach links abbiegen, um auf **Fischerotter Straße** zu bleiben Ca. 59 Sekunden	100 m weiter gesamt 5,5 km
9.	Weiter auf **Knüttelallee** Ca. 52 Sekunden	650 m weiter gesamt 6,2 km
10.	Weiter auf **Ziegeleistraße** Ca. 49 Sekunden	750 m weiter gesamt 6,9 km
11.	Leicht rechts abbiegen auf **Heidbergweg** Ca. 2 Minuten	1,5 km weiter gesamt 8,4 km
12.	Rechts abbiegen auf **Groß Brebel/B201** Weiter auf B201 4 Kreisverkehre passieren Ca. 44 Minuten	50,7 km weiter gesamt 59,1 km
13.	Links abbiegen auf **B5** Richtung **A23/Hamburg/Husum** Ca. 14 Minuten	16,5 km weiter gesamt 75,6 km
14.	Rechts abbiegen auf **Harblek** Ca. 2 Minuten	1,9 km weiter gesamt 77,5 km
15.	Links abbiegen auf **Kotzenbüller Chaussee** Ca. 3 Minuten	4,0 km weiter gesamt 81,5 km
16.	Weiter auf **Axendorfer Weg**	500 m weiter gesamt 82,0 km
17.	Rechts abbiegen auf **Gardinger Chaussee/B202** Weiter auf B202 Das Ziel befindet sich auf der linken Seite. Ca. 14 Minuten	15,0 km weiter gesamt 97,0 km

B Martendorf 13, 25881 Tating

Abbildung 4: Beispiel 2 für Ihre Wegbeschreibung

Quelle: http://maps.google.de/

94

5.2.4   Die Serviceseite

Alle, die bereits Urlaub in einem Ferienhaus gemacht haben, wissen:
Es ist ein halber Umzug!

Insbesondere, wenn Ihre Gäste mit Kindern und Haustieren anreisen, gibt
es viel Gepäck. Machen Sie es ihnen ein bisschen leichter und statten Sie
Ihr Haus mit einigen Extras aus. Damit Ihre Gäste davon schon beim
Packen profitieren, kommunizieren Sie es über eine Liste, die sie den
Buchungsunterlagen hinzufügen.

Zusätzlich können Sie aufführen, welche Ausstattungsmerkmale Ihre
Küche hat und welche Unterhaltungselektronik die Urlauber vorfinden.

Die nachfolgende Liste gibt hierfür ein Beispiel zur Orientierung.

Reetkate Tating

Martendorf 13 * 25881 Tating

Urlaub von Anfang an…

Folgende Grundausstattung finden Sie in allen Haushälften:

- Zucker, Salz, Mehl, Süßstoff, Salatöl, diverse Gewürze
- Kaffeefilter, Alufolie, Frischhaltefolie, Backpapier, Küchenkrepp
- Handseife im Bad, 1 Rolle Toilettenpapier für den Start
- Geschirrspülmittel, Spülschwamm und -tücher, Reiniger aller Art, Müllbeutel
- Neu: Föhn/Haartrockner

Für die Gäste, die bei längeren Aufenthalten selbst etwas reinigen wollen:

- Staubsauger, Besen, Handfeger und Schaufel, verschiedene Reinigungsmittel (s.o.)

Für den Abend und falls das Wetter einmal nicht so sonnig ist:

- Wlan über DSL-Internetanschluss
- Farbfernsehen über Sat-Anlage,
- Blu-Ray/DVD- in der großen und DVD-Player in der kleinen Haushälfte – dazu jeweils einige Filme
- Radio, CD-Player, CDs, Bücher, Gesellschaftsspiele, MP3 über Ihren USB-Stick in der großen Hälfte
- 2-3 Wolldecken pro Haushälfte
- Diverse kleine Kerzenleuchter mit Teelichtern

Ausstattung der Küchen (Elektrogeräte):
Große Hälfte:

- Neu: Geschirrspüler, Ceranfeld und Umluftofen,
- Kühlschrank mit Eisfach, Kaffeemaschine, Wasserkocher, Toaster,
- Neue Waschmaschine (im WC)

kleine Hälfte:

- Mikrowelle, Ceranfeld, Umluftofen + Grill, ½ Tiefkühlschrank

und für den Notfall:

- Verbandkasten für die Erste Hilfe, Rauchmelder, Feuerlöscher

Abbildung 5: Auflistung der Service-Elemente für Ihre Gäste

5.3   Hausprospekte, Postkarten, Visitenkarten

Auch im Zeitalter der elektronischen Werbung haben Hausprospekte bzw. Flyer, Post- und Visitenkarten ihre Daseinsberechtigung. Einen Hausprospekt empfehle ich Ihnen auf jeden Fall. Sie können ihn beim Versand Ihrer Buchungsunterlagen hinzufügen, das wertet Ihre Unterlagen auf und gibt ihnen Professionalität.

Auch im Haus können Sie die Prospekte platzieren, zufriedene Gäste können sie für ihre Freunde und Bekannte mitnehmen und Ihr Domizil weiterempfehlen. Im Außenbereich des Hauses können Sie einen Flyerhalter anbringen, so können sich interessierte Passanten auf einfache Art und Weise mit Informationen versorgen. Es gibt spezielle Boxen mit Deckel aus transparentem Kunststoff, die wetterfest sind.

Natürlich können Sie diese Flyer überall verteilen, wo Sie potentielle Gäste vermuten.

Durch die digitale Drucktechnik ist die Herstellung dieser Werbemittel sehr preiswert geworden. Es lohnt sich zu überlegen, in welcher Auflage die Prospekte gedruckt werden sollen, damit Sie immer aktuell sind. Wählen Sie also Informationen für diesen Druck, die sich nicht allzu schnell ändern.

Klassisch ist das Format DinA lang, also ein DinA4-Format, das mit einem sogenannten Wickelfalz zweimal gefaltet wird. Dieser Name entsteht durch die Art, das Papier zu falten. Es wird quasi gewickelt und von beiden Seiten nach innen geknickt. Diese Falttechnik muss bei der Gestaltung berücksichtigt werden. Nachfolgend sehen Sie ein Beispiel für einen Hausprospekt, der mehrere Objekte umfasst:

Die großen Gärten sind eingezäunt.

Der Garten in Tating:

und in Kragelund:

Ihre
Gastgeberin

Stefanie Schreiber
Alter Elbdeich 124
21217 Seevetal-Over
040 / 69 69 195 -15
0173 230 1664

urlaub@Reetkate.de

Infos, Preise und aktuelle Belegungskalender
www.Reetkate.de

Ich freue mich auf Sie!

Ferienhaus-Urlaub

mit Ihrem Haustier

im Norden
von
Deutschland

Abbildung 6: Die Außenseiten des Flyers

Reetkate Tating
bei St.Peter-Ording an der Nordsee

Kleines Doppelhaus
für 2x 4 Personen und je drei Hunde
und großem eingezäunten Garten

Blick in die Große Hälfte mit 85qm, Galerie,
zwei Kaminen und Vollbad:

Blick in die Kleine Hälfte mit 40qm und
großzügigem Wohnbereich mit offener Küche:

Reetkate Kragelund
bei Kappeln an Schlei und Ostsee

Kleines Doppelhaus
für 2x 4 Personen und je drei Hunde

mit Kaminen
und großem eingezäunten Garten

Beide Haushälften der Reetkate Kragelund
haben 70qm: große Wohnküche mit Kamin,
Wohnzimmer unter dach, zwei Schafzimmer
und modernes Duschbad.

Kragelund 2

Kragelund 4

Beide Häuser sind liebevoll eingerichtet und
bieten Ihnen
ein gemütliches Zuhause auf Zeit.

Abbildung 7: Die Innenseiten des Flyers

Geben Sie allgemeine Informationen über das oder die Objekte - ganz wichtig sind Fotos. Sie wissen: ein Bild sagt mehr als 1000 Worte. Sie haben in einem Hausprospekt nur wenig Platz zur Verfügung, zeigen Sie also ein paar Highlights, um neugierig zu machen und verweisen Sie dann auf Ihre Homepage. Dort können Sie Ihr Objekt ausführlich präsentieren.

Verzichten Sie nicht auf die Angabe Ihrer Telefonnummer bzw. die der Agentur, die Ihr Domizil vermarktet, gleiches gilt für die eMail-Adresse. Machen Sie es Ihrem Interessenten leicht, Kontakt aufzunehmen.

Des Weiteren können Sie sich Postkarten drucken lassen. Als Werbemittel zum Verteilen in einem anderen Format. Sie können sie den Buchungsunterlagen hinzufügen und im Haus platzieren, dann können Ihre Gäste die Urlaubgrüße an Freunde und Bekannte mit Ihrer Werbung versenden.

Herzliche Urlaubsgrüße aus der Reetkate Tating

Abbildung 8: Beispiel für eine Werbepostkarte

Ihrer Kreativität sind keine Grenzen gesetzt. In jedem Fall sollte Ihre Internetadresse angegeben sein. Sie befindet sich in diesem Beispiel auf der Rückseite:

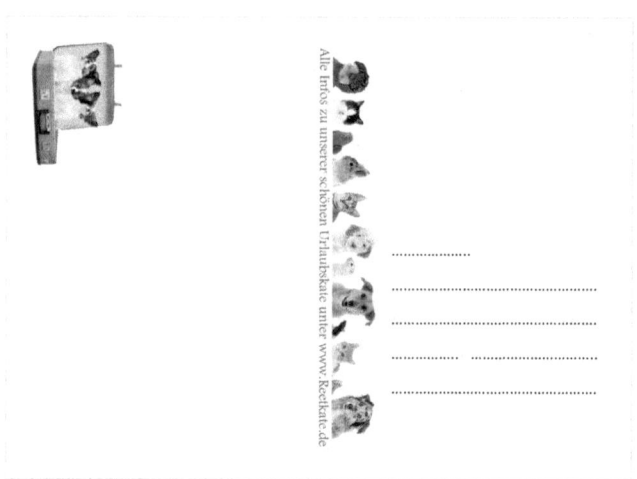

Abbildung 9: Kreatives Design für die Postkartenrückseite

Eine Visitenkarte ist eine preiswerte Möglichkeit, Informationen komprimiert immer dabei zu haben. Sie können sie klassisch aufbauen oder den Schwerpunkt auf die Angaben zum Objekt legen. Mit einem Foto von Ihrem eigenen Objekt wird so eine Karte zu einem besonderen Hingucker:

Abbildung 10: Besondere Visitenkarte

Auch die Rückseite kann preiswert bedruckt werden.
Geben Sie in Ihre Suchmaschine ‚Digitaldruck' ein und Sie finden eine Menge Anbieter. Ein Preisvergleich lohnt sich in jedem Fall.

5.4 Positionierung im Markt – Werbung buchen

Wenn Sie sich über Ihre Zielgruppe im Klaren sind, können Sie beginnen, Werbung zu buchen. Natürlich gibt es allgemeine Zeitungen und Ferienportale. Auch die Gastgeberverzeichnisse der einzelnen Kurverwaltungen sind unabhängig von der Nische und Zielgruppe, auf die Sie sich konzentrieren wollen.
Es existieren jedoch spezielle Magazine und Verzeichnisse im Internet, in denen Sie bestimmte Interessenten gezielt ansprechen können.

Insgesamt ist das Angebot an Zeitungen, Zeitschriften, Verzeichnissen und Ferienportalen im Internet so groß, dass Sie leicht den Überblick verlieren können. Im Folgenden wird beschrieben, wie Sie Preis-Leistungs-Verhältnisse vergleichen und eine sinnvolle Auswahl treffen können.

5.4.1 Klassische Kanäle

5.4.1.1 Gastgeberverzeichnis

Der Klassiker und die mögliche Basis ist das Gastgeberverzeichnis der jeweiligen Kurverwaltung bzw. Tourismusinformation des Ortes in dem Ihr Haus steht. Mittlerweile ist dieses Angebot in der Regel mit einem Internetauftritt kombiniert. Lassen Sie sich die Preise geben und fragen Sie nach den Leistungen. Einige Verwaltungen wollen Belegungspläne haben und nehmen für ihre Leistungen Vermittlungsgebühren prozentual vom Umsatz.
Von diesen Angeboten rate ich ab. Zahlen Sie lieber eine Pauschale für die Präsentation und lassen Sie die Vermietung lediglich über Ihre Agentur oder über den eigenen Schreibtisch laufen.

5.4.1.2 Zeitungen, Zeitschriften

Ob Sie dieses Instrument nutzen wollen, hängt von Ihrem Objekt ab. Der große Nachteil ist die Flüchtigkeit, insbesondere bei Zeitungen. Sie landen in der Regel schnell im Altpapier – zudem sinken die Auflagen derzeit immens. Zeitschriften werden oftmals länger aufbewahrt und haben häufig auch Zweit- und Drittleser, sie werden also noch einmal weitergereicht.

Tipp
Nutzen Sie das Instrument kleiner Anzeigen, wenn Sie eine sehr spezielle Zielgruppe ansprechen wollen – regional oder ein Interesse betreffend.

Eine wesentlich größere Verbreitung und damit auch ein besseres Preis-Leistungsverhältnis haben Sie mit Internetwerbung – ein unverzichtbares Werbemittel, wenn Sie erfolgreich vermieten wollen!

5.4.2 Internetwerbung

Ihre Internetwerbung sollte aus drei Elementen bestehen, der Buchung von sogenannten Onlineanzeigen auf Ferienportalen und Ihrer eigenen Webpräsenz. Beide Elemente ergänzen sich hervorragend.
Zusätzlich wird eine Präsenz auf Facebook und somit die Nutzung des Social Media Marketings immer bedeutsamer. Eine ausführliche Anleitung wie Sie Facebook als Marketinginstrument nutzen können, finden Sie in meinem Ratgeber „Erfolgreiche Vermarktung Ihrer Ferienimmobilie".

5.4.2.1 Ferienportale

Sie finden im Internet mittlerweile massenhaft Ferienportale und es werden ständig mehr. Es gibt ein einfaches Mittel, um erst einmal einen Überblick zu bekommen und zu schauen, welche dieser Angebote erfolgreich sind.
Geben Sie bei Google die Worte ‚Fewo', ‚Ferienhaus' oder ‚Ferienwohnung' ein. Sie bekommen eine Liste der Ergebnisse. Sie können dies auch im zweiten Schritt mit der Lage Ihres Domizils verfeinern, da es Portale mit Objekten einer bestimmten Region gibt.
Zielgruppenorientierte Angebote wie z.B. spezielle Portale für Urlauber, die in eine bestimmte Region oder mit ihrem Hund verreisen wollen, können Sie ebenfalls buchen.

Im ersten Schritt bietet sich die ganz allgemeine Suche an:

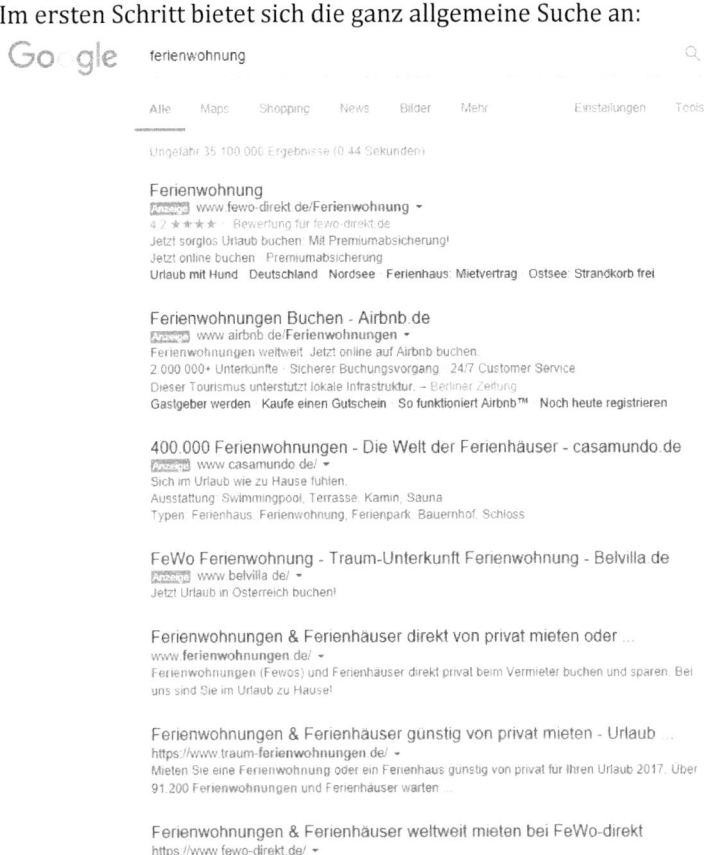

Abbildung 11: Google-Suche nach ‚Ferienwohnung' Quelle: www.google.de

Das Ferienportal, für das Sie sich entscheiden, sollte auf den ersten beiden Seiten der Google-Suche zu finden sein – insbesondere, wenn es sich um einen kostenpflichtigen Eintrag handelt. Zu der Abgrenzung zwischen kostenlosen und kostenpflichtigen Einträgen ist grundsätzlich folgendes zu sagen:

Es gibt einige gut etablierte Anbieter, bei denen die Online-Einträge zwischen 70 und 350 Euro pro Jahr und Objekt kosten. Sie buchen diese für ein Jahr, die Kosten sind im Voraus für die gesamte Laufzeit zu entrichten. Manchmal gibt es Rabatte für die zweite oder dritte Wohneinheit in einem Haus. Auch werden Laufzeiten von fünfzehn Monaten zum Preis von zwölf angeboten. Da Ihre Vermietung ein langfristiges Projekt ist, können Sie ohne Bedenken für ein Jahr unterschreiben.

Sie werden schnell herausfinden, dass HomeAway/Fewo-direkt der Marktführer in diesem Bereich ist – dementsprechend hoch sind die Preise. Probieren Sie aus, ob Sie ausreichend Buchungen bekommen, dass dieser Preis gerechtfertigt ist. Für das erste Jahr erhalten Sie einen Rabatt:

Leser-Bonus
Neukundenrabatt in Höhe von 25% auf das Standard-Inserat
bei www.fewo-direkt.de
Geben Sie bei Buchung den **Code VPSS25** ein!

Wenn Sie mit Ihrer Ferienimmobilie starten, nutzen Sie den Neukundenrabatt und buchen Sie das Portal für ein Jahr. Notieren Sie sich die Anzahl der Anfragen und Buchungen und entscheiden Sie nach Ablauf, ob sich der hohe Beitrag ab dem zweiten Jahr noch lohnt.

Inwieweit sich ein kostspieliges Inserat lohnt, ist natürlich auch von der Immobilie abhängig. Wenn Sie ein großes Haus für sechs bis zehn Personen vermieten, das Sie mit viel Komfort ausgestattet haben und einen dementsprechend hohen Mietpreis realisieren, lohnt es sich eher als bei einem kleinen Häuschen für zwei Personen in einer Lage, die nicht zu den Top-Urlaubsgebieten gehört. Rechnen Sie einfach aus, wie viele Nächte Sie vermieten müssen, um diesen Betrag wieder in der Kasse zu haben. Gehen Sie dabei von Nächten in der Nebensaison aus, die beste Zeit vermieten Sie auch über den zweit- und drittplatzierten Anbieter.
Gerade bei Vermietungsbeginn kann es vorteilhaft sein, nicht nur ein oder zwei Plattformen zu buchen, sondern breiter zu streuen. Sie müssen Ihr

Domizil erst einmal bekannt machen, denn es gibt noch keine Wiederkehrer und Stammgäste. Probieren Sie verschiedene Portale aus und kontrollieren Sie die Ergebnisse, um dann entscheiden zu können, welche Sie im zweiten Jahr wieder buchen.

Bei der Entscheidung, auf wie vielen Internetpräsenzen Sie Ihre Immobilie inserieren, ist einmal das Werbebudget ein wichtiges Kriterium. Der zweite wichtige Aspekt ist die eingesetzte Zeit.
Es kostet einfach Zeit, die Online-Broschüren zu erstellen. Manche Anbieter übernehmen dies kostenlos für Sie, sie holen sich die benötigten Informationen von Ihrer Website. Ein guter Service, den Sie gern annehmen können. Verzichten Sie in diesem Fall nicht darauf, die Einträge zu kontrollieren! Es werden mit Sicherheit Nachbesserungen notwendig sein.

Schließlich ist alles frisch erstellt und sieht ansprechend und professionell aus. Unterschätzen Sie bitte nicht den Pflegeaufwand dieser Einträge. Das Internet ist ein praktisches Medium zur schnellen Kommunikation, doch es macht wenig Freude, wenn die Informationen veraltet sind.

Pflegen Sie Ihre Internetbroschüren und Ihre eigene Webpräsenz, die im zweiten Teil dieses Kapitels ein Thema sein wird.
Ganz oben auf dieser ‚Pflegeliste' steht Ihr Belegungskalender. Halten Sie diese Information aktuell, Sie sparen sich so Anfragen für Zeiträume, die bereits vermietet sind. Das spart Zeit, wenn Sie selbst vermarkten und Geld, wenn Sie eine Agentur beauftragen – dazu mehr in Kapitel 6.

Alle weiteren Informationen sollten ebenfalls auf dem neuesten Stand sein. Das betrifft Fotos, Mietpreise und Beschreibungen zur Ausstattung.

Beispiel der Detailansicht „Reetkate Tating" einer Online-Broschüre:

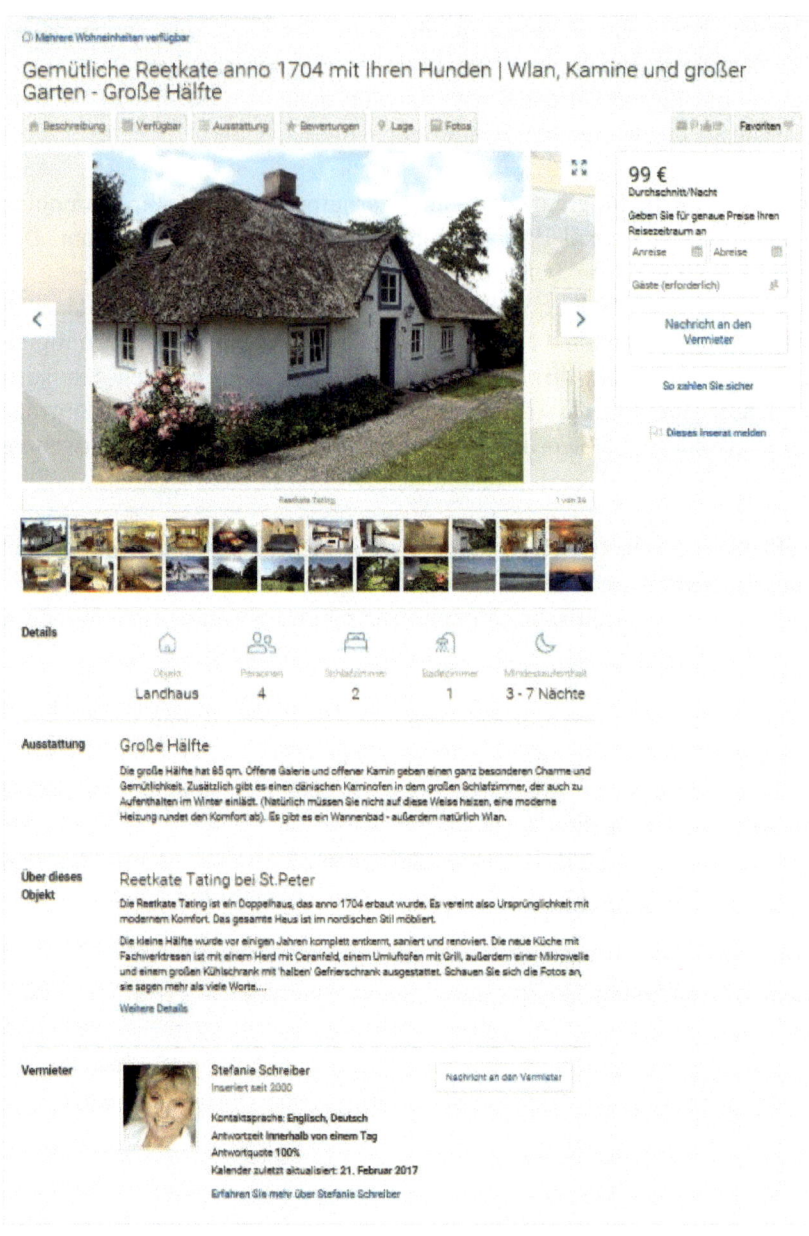

1 weitere Wohneinheit für dieses Objekt - Geben Sie für genaue Preise Ihren Reisezeitraum an

| Anreise | | Abreise | | Gäste (erforderlich) | |

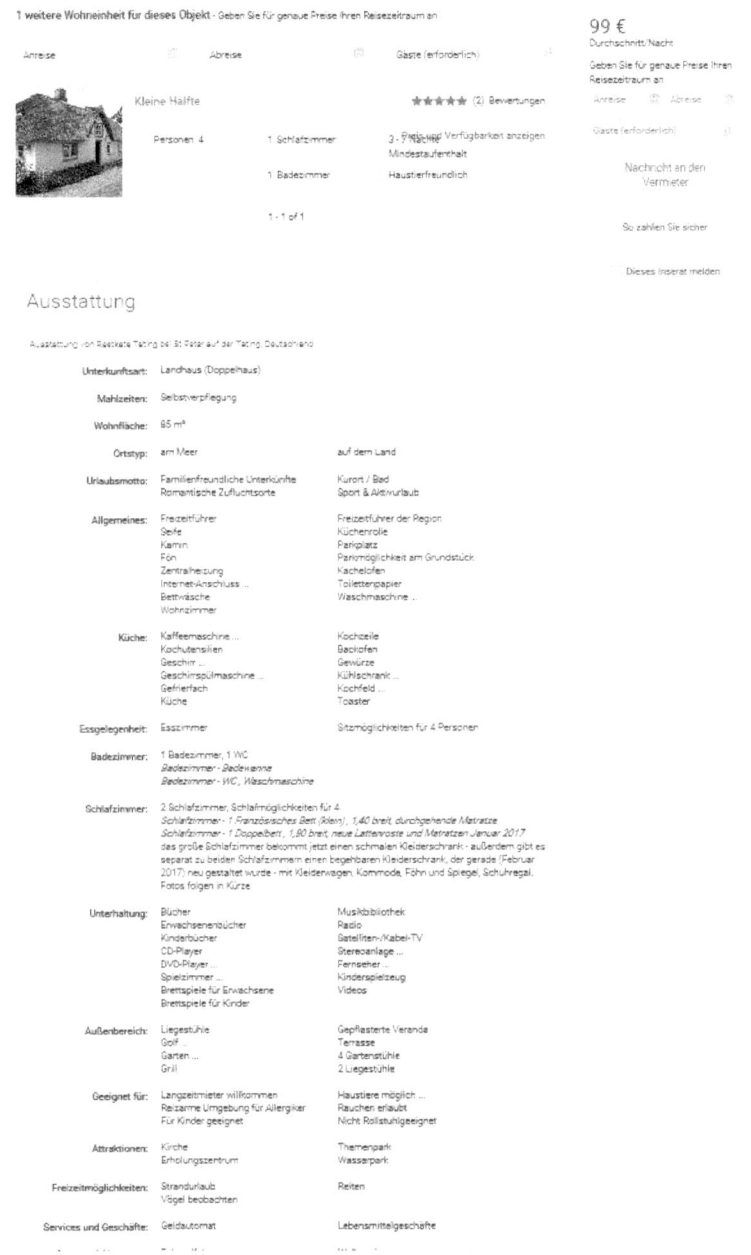

Kleine Hälfte ★★★★★ (2) Bewertungen

Personen 4   1 Schlafzimmer   3 - Preis und Verfügbarkeit anzeigen

1 Badezimmer   Mindestaufenthalt

Haustierfreundlich

1 - 1 of 1

99 €
Durchschnitt/Nacht

Geben Sie für genaue Preise Ihren
Reisezeitraum an

| Anreise | Abreise |
| Gäste (erforderlich) | |

Nachricht an den
Vermieter

So zahlen Sie sicher

Dieses Inserat melden

Ausstattung

Ausstattung von Reetkate Tating bei St. Peter auf der Tating, Deutschland

Unterkunftsart:	Landhaus (Doppelhaus)	
Mahlzeiten:	Selbstverpflegung	
Wohnfläche:	65 m²	
Ortstyp:	am Meer	auf dem Land
Urlaubsmotto:	Familienfreundliche Unterkünfte	Kurort / Bad
	Romantische Zufluchtsorte	Sport & Aktivurlaub
Allgemeines:	Freizeitführer	Freizeitführer der Region
	Seife	Küchenrolle
	Kamin	Parkplatz
	Fön	Parkmöglichkeit am Grundstück
	Zentralheizung	Kachelofen
	Internet-Anschluss ...	Toilettenpapier
	Bettwäsche	Waschmaschine ...
	Wohnzimmer	
Küche:	Kaffeemaschine ...	Kochzeile
	Kochutensilien	Backofen
	Geschirr ...	Gewürze
	Geschirrspülmaschine ...	Kühlschrank ...
	Gefrierfach	Kochfeld ...
	Küche	Toaster
Essgelegenheit:	Esszimmer	Sitzmöglichkeiten für 4 Personen
Badezimmer:	1 Badezimmer, 1 WC	
	Badezimmer - Badewanne	
	Badezimmer - WC, Waschmaschine	
Schlafzimmer:	2 Schlafzimmer, Schlafmöglichkeiten für 4	
	Schlafzimmer - 1 Französisches Bett (klein), 1,40 breit, durchgehende Matratze	
	Schlafzimmer - 1 Doppelbett, 1,90 breit, neue Lattenroste und Matratzen Januar 2017	
	das große Schlafzimmer bekommt jetzt einen schmalen Kleiderschrank - außerdem gibt es	
	separat zu beiden Schlafzimmern einen begehbaren Kleiderschrank, der gerade (Februar	
	2017) neu gestaltet wurde - mit Kleiderwagen, Kommode, Fön und Spiegel, Schuhregal.	
	Fotos folgen in Kürze	
Unterhaltung:	Bücher	Musikbibliothek
	Erwachsenenbücher	Radio
	Kinderbücher	Satelliten-/Kabel-TV
	CD-Player	Stereoanlage ...
	DVD-Player ...	Fernseher
	Spielzimmer ...	Kinderspielzeug
	Brettspiele für Erwachsene	Videos
	Brettspiele für Kinder	
Außenbereich:	Liegestühle	Gepflasterte Veranda
	Golf ...	Terrasse
	Garten ...	4 Gartenstühle
	Grill	2 Liegestühle
Geeignet für:	Langzeitmieter willkommen	Haustiere möglich ...
	Reizarme Umgebung für Allergiker	Rauchen erlaubt
	Für Kinder geeignet	Nicht Rollstuhlgeeignet
Attraktionen:	Kirche	Themenpark
	Erholungszentrum	Wasserpark
Freizeitmöglichkeiten:	Strandurlaub	Reiten
	Vögel beobachten	
Services und Geschäfte:	Geldautomat	Lebensmittelgeschäfte

Bewertungen

4,5/5 - ★★★★★ (2 Unkubierten erungen)

Bewertung abgeben

★★★★★	▓▓▓▓▓▓▓▓▓	1 ☐
★★★★★	▓▓▓▓▓▓▓▓▓	1 ☐
★★★	▓▓▓▓▓▓▓▓▓	0 ☐
★★	▓▓▓▓▓▓▓▓▓	0 ☐
★	▓▓▓▓▓▓▓▓▓	0 ☐

99 €
Durchschnitt/Nacht

Geben Sie für genaue Preise Ihren Reisezeitraum an

| Anreise | 📅 | Abreise | 📅 |

Gäste (erforderlich)

Nachricht an den Vermieter

So zahlen Sie sicher

☑ Dieses Inserat melden

Charmantes Ferienhaus

★★★★ 4 von 5

Claudi, Andy und Old Rödermark

Wer ein charmantes Feriendomizil in ruhiger Lage an der Nordsee sucht, ist hier richtig. Das Haus ist gemütlich und zur Begrüßung steht eine ausgesuchte Flasche Wein auf dem Estisch. Vielen Dank für diesen freundlichen Willkommensgruß. Das Haus ist von einem schönen Garten umgeben in dem man bei sonnigem Wetter auch in einem eigenem Strandkorb sitzen kann. Für Hundebesitzer ist die Reetkate ideal, da direkt beim Haus auch schon genügend Wiesen und Wege zum Gassigehen vorhanden sind. Nach St. Peter Ording ist es mit 5 km Entfernung auch nicht weit.

Tipp in Tating: Unbedingt das Schweizer Haus Galerie Café in

Düsternbrook 10 besuchen und einen der hausgemachten Kuchen und Torten probieren - die Portionen sind gigantisch und schmecken fantastisch. Danach kann man sich die Beine im angrenzenden, schön angelegten Park vertreten oder sich vor dem Café im Liegestuhl die Sonne auf den Bauch scheinen lassen. Ein weiterer Ausflugstipp: Unbedings abends einen Tisch in der "Seekiste" einem Pfahlbaurestaurant am Strand von St. Peter Ording reservieren-traumhafte Sonnenuntergänge gibt es kostenlos dazu.

Ein toller Urlaub in einem gemütlichen Haus. Vielen Dank.

Bewertung wurde gespeichert: Oct 1, 2010 Reisezeitraum: Sep 2010
Quelle: Fewo Direkt, Teil der HomeAway Familie

Fanden Sie diese Bewertung hilfreich? 1 Ja 0 Nein

Es stimmt: Die Reetkate ist ein Zuhause auf Zeit!

★★★★★ 5 von 5

Schönen Dank München

Mit viel Glück bekamen wir über Ostern 2010 die größere Hälfte der Reetkate in Tating. Vorausgegangen ist ein sehr netter Kontakt mit ver Vermieterin der Reetkate, sie war telephonisch und per e-mail sehr gut zu erreichen und - wie sehr viele Menschen im hohen Norden - total freundlich. Wir bedanken uns ganz herzlich für ein liebevoll gestaltetes Ambiente, das uns sehr erholsame und entspannte Tage ermöglichte. Der große Garten war ideal für die Hunde, das Haus mit seinen 2 Ebenen ermöglichte gute Rückzugsmöglichkeiten, bietet aber auch genügend Platz für gesellige Runden. Die Grundausstattung in der Reetkate ist super und bereits beim Öffnen der "Klöntür" hatten wir das Gefühl, richtig zu sein, angekommen zu sein. Ich beneide alle, die ihren Urlaub in "unserer" Reetkate noch vor sich haben. Grüße aus Bayern.

Bewertung wurde gespeichert: Apr 13, 2010 Reisezeitraum: Apr 2010
Quelle: Fewo Direkt, Teil der HomeAway Familie

Fanden Sie diese Bewertung hilfreich? 3 Ja 0 Nein

1-2 von 2

Bewertung abgeben

Nachricht an den Vermieter

Lage

Karte Sicht

Auf den drei vorherigen Seiten sahen Sie die
Abbildung 12: Ihre Online-Broschüre Reetkate Tating in der Detailansicht
Quelle: www.fewo-direkt.de

Zu diesem Thema freue ich mich über den Gastbeitrag von Antje Gertig - Marketing Communications, FeWo-direkt.de:

Online-Inserate wirksam gestalten
Bei der Erstellung eines Online-Inserats fühlt man sich oft ein wenig überfordert. Diese Tipps geben eine Orientierung, was wichtig ist – und schon ist die erste Hürde überwunden.

⬇ Die Überschrift – der erste Eindruck ist entscheidend
Die Überschrift ist das erste, was Urlauber sehen. Hier sollten Sie sie einfangen und zum Weiterlesen motivieren. Heben Sie in ca. 5 bis 7 Worten das, was Ihre Unterkunft einzigartig macht, hervor. Nennen Sie in jedem Fall immer die Art der Unterkunft. Ist es ein Stadt-Apartment, ein Reethaus oder eine Wohnung mitten im Skigebiet? Sie können auch noch ein näher beschreibendes Adjektiv davorsetzen, wie gemütlich oder lichtdurchflutet. Wichtig ist es auch, ein besonderes Merkmal Ihrer Unterkunft zu nennen, wie einen Pool oder die große Terrasse. Außerdem darf eine Info zur Lage nicht fehlen, z.B. am Strand oder mit Blick auf das Matterhorn. Und schon sind Sie fertig: Mit „Gemütliche Wohnung mit großer Terrasse und Blick auf das Matterhorn" haben Sie eine Überschrift kreiert, die funktioniert.

⬇ Beschreibung – Lust auf Urlaub wecken
In Ihrem Inserat geht es um Ihr Feriendomizil. Deshalb sollten Sie auch genau davon sprechen. In die ersten Zeilen gehören alle wesentlichen Details. Den meisten Urlaubern sind Angaben zur Ausstattung, Größe und zusätzlichen Services wichtiger als Infos zur Gegend. Legen Sie vor dem Schreiben eine Stichpunktliste mit den wichtigsten Besonderheiten an und priorisieren Sie diese. So haben Sie gleich ein Gerüst, an dem Sie sich entlanghangeln können. Zusätzlich sollten Sie auch den Nutzen für die Gäste hervorheben, um Lust auf Urlaub bei Ihnen zu wecken, z.B. „Unser Haus bietet Ihnen auf 110 Quadratmetern nicht nur viel alpine

109

Gemütlichkeit, sondern auch eine eigene Sauna, in der Sie nach einem Skitag die Seele baumeln lassen können."

↓ Fotos – Ihr Schaukasten der Vorfreude
Urlauberaugen lieben Bilder. Ein Haus im Blumengarten lockt bereits beim Ansehen. Ein Kamin macht Lust zum Niederlassen. Beim Blick auf's Meer kann man die Wellen schon Rauschen hören. Kurz: Gute Fotos machen Lust auf Ferien. Versetzen Sie sich in die Lage Ihrer Zielgruppe. Welche Fotos würden Sie gerne sehen? Würden Sie buchen, ohne eine Außenaufnahme zu sehen? Könnten Sie auf ein Foto von der Küche oder den Schlafzimmern verzichten? Es ist wichtig, so viele Details wie möglich von Ihrem Haus darzustellen, um das Vertrauen Ihrer potenziellen Gäste zu gewinnen. So werden diese ein gutes Gefühl haben, wenn sie Ihre Ferienunterkunft buchen. Ganz wichtig: Machen Sie die Aufnahmen möglichst immer bei gutem Wetter und Tageslicht.

Tipp: Achten Sie vor allem bei den Besonderheiten auf ein harmonisches Zusammenspiel von Text und Bildern. Von tollen, komfortablen Extras kann jeder erzählen – gute Bilder liefern die Beweise.

↓ Angemessene und transparente Mietpreise angeben
Der Mietpreis ist bei Urlaubern eines der wichtigsten Kriterien. Ein zu hoher Mietpreis schreckt ab. Zu niedrige Mietpreise decken wiederum nicht alle Kosten. Wichtig ist, einen zwischen diesen Polen gut ausgewogenen Mietpreis zu finden. Bleiben Sie bei Ihren Preisen so transparent wie möglich. Rechnen Sie immer alle obligatorischen Nebenkosten und Zusatz-Services mit ein. Urlauber wollen wissen, was sie preislich erwartet und nicht im Nachhinein noch Zusatzkosten entdecken. Behalten Sie außerdem den Wettbewerb in Ihrer Region im Auge. Wieviel kostet Ihre Konkurrenz und was bietet sie dafür? Sie müssen nicht zwingend unter den Günstigsten sein. Es kommt auch darauf an, welche Leistungen Sie bieten (Sauna, Pool etc.). Für Komfort zahlen Urlauber auch gerne einen angemessen höheren Preis. Und ganz im Sinne von „Die Nachfrage regelt den Preis" empfiehlt es sich, verschiedene Preise für Haupt- und Nebensaison anzusetzen – ausführlich beschrieben auf den Seiten 37 bis 45.

⁌ Ihre Empfehlung schlechthin: Bewertungen von Urlaubern

Auch wenn es oft mit nochmaligem Nachfragen und etwas mehr Mühe verbunden ist, bitten Sie so viele Urlauber wie möglich darum, in Ihrem Inserat eine Bewertung zu hinterlassen. Es wird sich in jedem Fall lohnen. Bewertungen wirken wie eine Empfehlung aus erster und neutraler Hand und die meisten Urlauber achten bei der Entscheidung für eine Unterkunft vor allem auf die Einträge vorangegangener Gäste. Kommentieren Sie negative Kritik sachlich, aber auf jeden Fall immer. Wenn Urlauber sehen, dass Sie sich kümmern und reagieren, wird das auf jeden Fall positiv aufgenommen.

⁌ Aktueller Kalender – ohne geht's nicht

Stellen Sie sicher, dass Sie Ihren Kalender stets auf dem aktuellen Stand halten. Da Urlauber meist nach dem Reisedatum filtern, können sie Sie so besser finden. Wenn nur sehr wenige Einträge in Ihrem Kalender zu sehen sind, denkt man schnell, dass etwas an Ihrer Unterkunft nicht stimmen kann, wenn keiner sie bucht. Ein voller Kalender wirkt nicht abschreckend, sondern ruft oft das Gegenteil hervor. Ihr Feriendomizil scheint dann sehr beliebt zu sein und Urlauber sind versucht, zu einem noch freien Zeitraum anzufragen, den sie vielleicht ursprünglich nicht im Sinn hatten. Viele belegte Daten wirken wie eine gute Empfehlung.

Zu guter Letzt: Einfach anfangen und erstmal drauf los schreiben. Sobald man etwas auf dem Blatt, in diesem Fall dem Bildschirm, stehen hat, fällt das Erstellen gleich viel leichter. Verbessern und herumfeilen kann man dann immer noch.

***

Die Zeit, die Sie investieren können, ist ausschlaggebend, ob Sie mit kostenfreien Portalen experimentieren wollen. Dies ist insbesondere dann sinnvoll, wenn Sie sich auf eine Nische spezialisiert haben.

Die Kontaktaufnahme der Interessenten erfolgt per eMail oder telefonisch. Für die schriftliche Anfrage haben die Ferienportalanbieter Kontaktformulare mit unterschiedlichen Pflichtangaben. Die eMails werden direkt an die von Ihnen angegebene Adresse weitergeleitet. Manche bieten einen zusätzlichen SMS-Service an, d.h. Sie werden zusätzlich mit einer SMS informiert, dass eine Anfrage vorliegt. Dieser Service verliert im Zeitalter der Smartphones an Bedeutung, kann aber in bestimmten Situationen, in denen Sie nicht online sind, hilfreich sein.

Außerdem können Sie Ihre Telefonnummer und Erreichbarkeiten hinterlegen, so dass Interessenten Sie oder Ihre Agentur direkt anrufen können. Es empfiehlt sich, die Belegungskalender immer dabei zu haben.

Tipp
Nutzen Sie für jedes Objekt einen kleinen Taschen-kalender – mit der Ansicht einen Monat pro Seite – und notieren Sie die wichtigsten Informationen:
- o   An- und Abreisetag
- o   Name des Gastes
- o   Anzahl der anreisenden Personen und Tiere
- o   Telefonnummern, insbesondere Mobilnummer
- o   Summe der Vorauszahlung
- o   Betrag der Restzahlung mit Fälligkeitsdatum
- o   Mietvertrag zurück erhalten?

Wie Sie sehen, ist dies ein Rund-um-die-Uhr-Job. Es gibt aber Zeiten, in denen ist es ruhig. Schnelle Reaktionen auf Anfragen sind ein Erfolgs-aspekt für eine gute Auslastung, Sie brauchen jedoch nicht ständig erreichbar zu sein und sofort zu reagieren!

Auf den Portalen privater Vermieter haben die Gäste die Möglichkeit, Bewertungen zu Ihrem Domizil abzugeben. Diese werden immer wichtiger, da sich viele Gäste daran orientieren. Wenn Sie ein positives Feedback über die Betreuung oder direkt von den zufriedenen Urlaubern erhalten, motivieren Sie diese gerne, auf dem Ferienportal eine positive Bewertung abzugeben.

Daneben gibt es die Ferienportale, die statt eines Pauschalbetrages pro Jahr, eine Provision für jede erfolgreiche Buchung berechnen. Dazu gehört z.B. auch AirBnB, dessen Marktanteil auch bei den Ferienwohnungen und -häusern immer größer wird. Ursprünglich hat sich das Angebot auf einzelne Zimmer – quasi Mitwohnen – oder aber temporäre Vermietung von Objekten, die eigentlich fest bewohnt sind.

Es handelt sich um eine Provision prozentual vom Umsatz. Hierbei gilt es zu prüfen, wie hoch die Provision ist und welche Leistungen dafür geboten werden. Möglicherweise klingt es anfangs viel preiswerter, wird aber am Ende teurer. Wenn Sie Ihre Immobilie gut ausgesucht, einladend eingerichtet und ausgestattet haben, dann kommen schnell viele Buchungen. Durch die Werbung im Internet können Sie von Beginn an eine hohe Auslastung haben. Rechnen Sie es einfach durch!

Meine Empfehlung
Buchen Sie im ersten Jahr zwei bis vier kostenpflichtige Portale und schauen Sie, welche Ihnen den größten Erfolg liefern.

5.4.2.2   Eigene Website – Erstellung und Pflege

Auf eine eigene Internetpräsenz können Sie auf keinen Fall verzichten! Sie zeigt nicht nur, dass Sie ein professioneller Vermieter sind. Sie können umfangreich mit zahlreichen Bildern und Angaben informieren, was in dem Korsett des Ferienportals nicht immer möglich ist.

Lassen Sie sich eine Seite gestalten oder seien Sie selbst kreativ. Eine Website für ein Ferienhaus benötigt keine großartigen technischen Raffinessen. Sie sollte ansprechend gestaltet, übersichtlich und aktuell sein.

Sie können ein oder mehrere Domizile auf einer Website präsentieren:

Abbildung 13: Beispiel Website ein Ferienhaus im modernen Design – Quelle: www.Altstadtdomizil.de

Wichtig ist als erster Schritt, die Wahl der Domain, also der Name der Internetpräsenz. Dies wird die Adresse im World Wide Web.
Es gibt ein paar Empfehlungen zu der Wahl des Namens bzw. der Internetadresse. Einen ‚guten' Namen auszuwählen, wird immer schwieriger, da mittlerweile viele Internetpräsenzen vorhanden sind.

Ich empfehle, die Landesendungen .de für Deutschland, .at für Österreich und .ch für die Schweiz zu wählen - je nachdem, wo Ihre Immobilie steht.

Abbildung 14: Beispiel Website zwei Ferienhäuser im klassischen Design - Quelle: www.Reetkate.de

Folgende Aspekte sind außerdem wichtig:

- Wählen Sie einen möglichst kurzen Namen. Der Name der Domain ist die Basis Ihrer eMail-Adresse. Beides muss immer wieder getippt werden und sollte auf einen kurzen Blick einprägsam sein. Vermeiden Sie Bindestriche oder verwenden Sie maximal einen.
- Wählen Sie einen Namen, der in Zusammenhang mit dem Haus steht. Was ist das Besondere an Ihrer Immobilie? Machen die Bauform oder die Lage respektive der Blick Lust auf Urlaub?
- Selbst wenn Sie glauben, dass Sie bestimmt nur dieses eine Haus kaufen werden, wählen Sie einen Namen, der allgemein genug ist, um ein zweites Haus auf der gleichen Internetseite präsentieren zu können. Das könnte Zeit und Geld sparen –

115

ist aber davon abhängig, ob Sie noch ein Haus kaufen, das zu dem Domainnamen passt – also nicht der wichtigste Aspekt.

Laden Sie ein paar Menschen Ihres Vertrauens ein und überlegen Sie während eines gemeinsamen kreativen Abends, einen ansprechenden Namen und eine passende Domain.

Wenn Sie eine Liste von Wunschdomains zusammengestellt haben, können Sie überprüfen, welche der gewünschten Namen frei sind. Dies geschieht natürlich auch über das Internet: *Historisches – Reetpastorat*

In Deutschland auf www.denic.de

In Österreich auf www.nic.at

In der Schweiz auf www.denic.ch

Oben rechts in dem Feld ‚Domainabfrage‘ können Sie überprüfen, ob Ihre Wunschadresse noch frei ist. Seien Sie kreativ, aber bleiben Sie bodenständig!

✦ Internetprovider

Sie haben einen Namen gefunden, der frei ist – wunderbar, Sie sind Ihrem Erfolg wieder einen Schritt näher gekommen. Nun benötigen Sie einen Internetprovider. Das ist eine Firma, auf dessen Server Ihre Website verwaltet wird. Jeder, der Ihre Domain in seinem Browser aufruft, kann Ihre Informationen auf seinem Rechner sehen. Richten Sie mindestens eine eMail-Adresse zu dieser Domain ein, das Versenden und Empfangen von Ihrer elektronischen Post läuft über Ihr Benutzerkonto bei Ihrem Provider. Die Kosten sind niedrig. Bei Beauftragung des Providers registriert dieser die Domain automatisch bei Denic.

Tipp
Nutzen Sie eine eMail-Adresse wie urlaub@IhrDomizil.de oder Vorname.Nachname@IhrDomizil.de. Sollten Sie bereits eine Adresse bei einem anderen möglicherweise kostenlosen Provider haben, nutzen Sie diese lediglich

privat weiter. Für Ihr neues Unternehmen wirkt es nicht professionell und gibt keinen Rückschluss auf Ihre Website.

Übrigens
Groß- und Kleinschreibung spielt weder bei der Domain, noch bei der eMail-Adresse eine Rolle. Nutzen Sie keine Umlaute und keine Sonderzeichen.

⊥ Inhalte Ihrer Website

Beschreibung und Fotos

Beschreiben Sie Ihr Domizil ausführlich und lassen Sie Bilder sprechen. Die Gäste bekommen einen realistischen Eindruck und beiden Seiten werden Enttäuschungen und Ärger erspart. Zeigen Sie Ihr Haus oder Ihre Wohnung trotzdem von der ‚Schokoladenseite'.

Sie können die Beschreibungen durch Grundrisse oder kleine Filme ergänzen, unbedingt notwendig ist dies jedoch nicht.

Wenn Sie ein Haus präsentieren, können Sie in der Navigation der Website für jedes Zimmer einen einzelnen Menüpunkt einrichten, und damit auch jeweils eine Unterseite. Zeigen Sie mehrere Domizile, können Sie die Gliederung gröber gestalten - vgl. www.Reetkate.de.

Preise

Es gibt verschiedene Preise je nach Saison und nach Wohneinheit, falls Sie mehrere anbieten. Geben Sie Nebenkosten wie Kurtaxe oder Gebühren für die Vierbeiner an.

Die Kosten der Endreinigung dürfen laut §1-Preisangabenverordnung auf Ihrer Werbeplattform nicht separat ausgewiesen werden. Nehmen Sie diesen Verweis mit auf.

Sonderpreise

In jeder Region gibt es Zeiten, in denen nur wenige Urlauber kommen. Locken Sie in diesen Zeiten mit Sonderpreisen wie z.B. ,7 für 6' und ,10 für 8' Nächte.

Belegungskalender

Seien Sie aktuell! Sinnvoll ist es, die Seite des Belegungskalenders mit dem Datum der letzten Änderung zu versehen. Der potenzielle Gast sieht, wie aktuell der Kalender ist.

Gästebuch

Kann – muss nicht. Sie können ein interaktives Gästebuch einrichten oder ein herkömmliches Buch in Papierform in Ihr Haus legen und die Einträge übernehmen.

Der Außenbereich

Zeigen Sie den Balkon oder Garten. Gibt es eine Terrasse mit Gartenmöbeln? Haben Sie Liegen oder einen Strandkorb im Garten? Machen Sie einladende Fotos.

Ein Spielplatz ist großartig, muss aber gewartet werden. Entscheiden Sie hier zwischen Aufwand und Mehrwert. Genauso eine Sandkiste: Wollen Sie an Gäste mit Haustieren vermieten? Dann macht eine Sandkiste keinen Sinn. Sie wird immer wieder verschmutzt.

Winter

Wenn der Sommer Ihre Hauptsaison ist, machen Sie einladende Winterfotos. Dazu bieten sich Außenfotos mit Schnee und vom Dach herunterhängenden Eiszapfen genauso an, wie ein Feuer im Kamin mit gemütlichen Sesseln davor.

Lage

Nehmen Sie eine Karte mit der genauen Lage Ihres Domizils in Ihre Darstellung mit auf.

Umgebung

Zeigen Sie die Attraktionen Ihrer Umgebung, insbesondere wenn es sich nicht um ein Top-Urlaubsgebiet handelt. Fotos sind auch hier eine gute Wahl. Beachten Sie dabei die Urheberrechte: Machen Sie die Fotos selbst oder kaufen Sie sie.

Was ist neu?

> Eine tagebuchartige Liste interessiert die Gäste, sie finden es spannend zu lesen, was erneuert und verbessert wurde. Hier können Sie auch mit Vorher-Nachher-Bildern Modernisierungen dokumentieren, wenn Sie ein altes Haus erworben haben.
>
> Gleichzeitig können Sie selbst nachschauen, wann Sie etwas erneuert haben.

Service

> Machen Sie es Ihren Gästen leichter und statten Sie Ihr Haus überdurchschnittlich aus. Damit Ihre Interessenten erfahren, was sie in Ihrem Haus vorfinden werden, teilen Sie es bereits auf Ihrer Internetseite mit. In Kapitel 5.2.4 sehen Sie eine Beispielübersicht.

Last-Minute-Rabatt

> Dieser Rabatt ist in der Tourismusbranche weit verbreitet. Ein gängiger Preisnachlass sind zehn Prozent auf den Mietpreis, wenn zwischen Buchung und Anreise vierzehn oder weniger Tage liegen.

Kontakt/Impressum

> Beim wem können die potenziellen Gäste buchen? Hierher gehören die vollständigen Kontaktdaten von Ihnen oder der beauftragten Agentur.

Verweise/Links

> Möchten Sie auf weitere Domizile oder andere interessante Angebote verweisen? Programmieren Sie Ihre Website so, dass die Links in einem neuen Fenster bzw. einer neuen Registerkarte geöffnet werden, damit Ihre Seite nicht ganz verlassen wird. Beachten Sie hierbei auch die rechtlichen Aspekte der Verlinkung.

Nun höre ich Sie fragen: Das kostet eine Menge Geld, muss das sein?
Ja, es muss!
Ich bitte Sie an dieser Stelle, einmal zusammen zu rechnen: Wieviel haben Sie bisher ausgegeben, um dieses Projekt in die Tat umzusetzen? Kaufpreis der Immobilie eingeschlossen.
Was nützt Ihnen das schönste Feriendomizil, wenn keiner davon weiß?
Ohne Werbung geht es nicht - die Kosten sind vergleichsweise niedrig!

Zum Schmunzeln
Zwei ‚schlaue' Sprüche aus der Werbebranche:
Wer die Ausgaben für die Werbung streicht, um Kosten zu sparen, kann auch seine Uhr anhalten, um Zeit zu sparen!
und
Die Hälfte des Werbeetats gibt man vergebens aus, man weiß nur nicht welche.

In diesem Sinne: Freuen Sie sich darauf, Ihr Angebot publik zu machen!

Kompakte Zusammenfassung des fünften Schrittes

Vermarktung	Ein professioneller Auftritt erleichtert alles und ohne Werbung geht nichts.
	Ihre Reiseunterlagen weisen ein einheitliches Erscheinungsbild, das sogenannte Corporate Design auf und umfassen folgende Bestandteile: ○ Anschreiben ○ Mietvertrag ○ Wegbeschreibung ○ Service
	Die Werbung wird schwerpunktmäßig im Internet gebucht und setzt sich aus Onlinebroschüren und einer eigenen Website zusammen. Das Social Media Marketing mit Facebook wird immer bedeutsamer.
	Für klassische Printwerbung stehen neben den Gastgeberverzeichnissen der Tourismusinformationen Ihrer Region auch Anzeigen in Zeitungen und Zeitschriften zu Verfügung.
	Sinnvoll ist es, Marketingmaßnahmen mit Flyern, Post- und Visitenkarten zu ergänzen.

6   Verwaltung

Sie haben es im letzten Kapitel bereits gelesen: die Verwaltung einer Ferienimmobilie ist eine Tätigkeit, die ständig stattfindet. Es gibt buchungsstarke und –schwache Zeiträume, aber eine sehr gute Erreichbarkeit und eine schnelle Reaktion auf Anfragen machen einen nicht unerheblichen Teil des Erfolgs aus.
Wie Sie bereits wissen: Die Menschen sind ungeduldig und wollen gerne schnell erfahren, ob es mit ihrem Urlaub klappt, wenn sie sich einmal entschieden haben. Einige Interessenten versenden parallel mehrere Anfragen und buchen dann dort, wo sie die erste Zusage bekommen.

Bezüglich der Verwaltung Ihres Feriendomizils gibt es eine zentrale Frage zu beantworten:
Wollen Sie in Eigenregie vermieten oder eine Agentur beauftragen? Um diese Frage beantworten zu können, erfahren Sie in diesem Kapitel, welche Aufgaben zu bewältigen sind und welche Vor- und Nachteile beide Verwaltungsformen haben.

6.1   Anforderungen

Zum Thema Eigenregie ist wichtig, dass Sie für sich klären: Liegt es Ihnen? Dazu habe ich einen Fragenkatalog zusammengestellt:

- Haben Sie Zeit und Muße jeden Tag mehrfach Ihre eMails zu checken und Anfragen zeitnah zu beantworten?
- Gilt dies auch für die Wochenenden?
- Sind Sie mit Ihrem Mobiltelefon überwiegend, also auch am Wochenende erreichbar?
- Liegt Ihnen der ‚Papierkram' im Büro? Das heißt im Klartext: Schaffen Sie es am gleichen oder am nächsten Tag die Buchungsunterlagen (s. Kapitel 5) zu erstellen und zum nächsten Briefkasten zu bringen?
- Haben Sie Zeit und Muße die Belegungskalender jeweils nach einer Buchung auf den Ferienportalen und auf Ihrer Website auf den aktuellen Stand zu bringen?

+ Können Sie die Geldeingänge regelmäßig überwachen und entsprechend Mietverträge zurücksenden oder mahnen?
+ Denken Sie zeitnah daran, Ihrer Betreuung vor Ort die Belegdaten zu übermitteln?
+ Sie benötigen eine Hausbetreuung, die reinigt und einen Gärtner, wenn das Haus einen Garten hat - zumindest jemanden, der den Rasen mäht. Trauen Sie sich die Aufgaben rund um die Personalauswahl und –führung zu?
  o Schalten von Anzeigen (Stellenangebote)
  o Führen von Vorstellungsgesprächen
  o Einarbeitung
  o Führung
  o Kontrolle

Wenn Sie die meisten dieser Fragen mit ‚Ja' beantworten können, empfehle ich Ihnen, die Vermietung Ihres Domizils in Eigenregie zu managen. Eine Alternative kann auch sein, sich die Aufgaben mit einer oder mehreren Personen aus Ihrem Haushalt oder nahen Umfeld zu teilen. In diesem Falle müssen Sie die Kompetenzen und Pflichten klar verteilen, sonst verlässt sich einer auf den anderen und die Arbeit bleibt liegen.

6.2   Vorteile der eigenverantwortlichen Vermietung

Die folgenden Vorteile hat die Verwaltung in Eigenregie
+ Niemand kann Ihr Haus so gut vermieten wie Sie selbst. Vorausgesetzt Sie lieben dieses Haus, es ist Ihr Traumhaus oder nahe daran. Wenn Ihr Herzblut und Ihre Leidenschaft in dem Projekt stecken und es neben dem Vermögensaufbau auch Ihr Hobby ist, dann sind Sie am besten geeignet, es zu vermarkten und zu verwalten. Sie können in Gesprächen die Vorzüge viel besser anpreisen als eine Agentur.
+ Sie haben ein, zwei oder drei eigene Objekte bzw. Wohneinheiten, die Ihnen alle am Herzen liegen, die Sie in- und auswendig kennen und von denen Sie gerne schwärmen. Für eine Agentur ist Ihre Immobilie eine von vielen.
+ Ihre Erreichbarkeit und Reaktionszeit wird insbesondere am Wochenende sicherlich höher sein als bei einer Agentur.

⤋ Einer Agentur zahlen Sie ca. achtzehn Prozent vom Umsatz zzgl. Mehrwertsteuer, die Sie nur direkt ziehen können, wenn Sie selbst umsatzsteuerpflichtig sind. Ansonsten dürfen Sie sie erst in der Einkommensteuererklärung geltend machen (zu steuerlichen Fragen mehr in Kapitel 11). Damit fließt ein nicht unerheblicher Teil Ihrer Mieteinnahmen in die Kasse der Agentur.

Wenn Sie jedoch entweder keine Zeit für die obigen Aufgaben haben oder Sie Ihnen nicht liegen, sind Sie mit einer Agentur gut beraten. Sie wird Ihnen einen wesentlich höheren Umsatz generieren als Sie selbst erzielen können. Sie haben in diesem Fall mehr Umsatz für weniger Arbeit und zahlen die Provision an die Agentur sicherlich gerne.

6.3 Die Aufgaben der Verwaltung

In diesem Abschnitt werden die Verwaltungsaufgaben im Detail beschrieben, damit Sie eine optimale Entscheidung treffen können. Gleichzeitig bekommen Sie Erklärungen und ein paar Tipps, dann können Sie es vielleicht doch in Eigenregie machen, obwohl Sie spontan ‚Nein' gesagt haben.

6.3.1 Beantwortung der Anfragen per eMail

Wie bereits ausgeführt, ist es wichtig schnell zu sein. Die Interessenten sind ungeduldig und buchen im Zweifel ein anderes Domizil, wenn die Beantwortung der Anfrage zu lange dauert. Viele private Vermieter pflegen ihre Belegungskalender schlecht oder gar nicht, die potenziellen Gäste verlassen sich nicht auf diese Angaben. Die Beantwortung der Anfragen ist zeitlich nicht besonders aufwändig, da dies schnell Routine wird. Sie können sich Textbausteine formulieren, da die Antworten immer wieder sehr ähnlich sind.

Beispiel für eine positive Antwort, wenn der gewünschte Zeitraum frei ist:

Guten Tag Frau Mustergast,
vielen Dank für Ihre Anfrage, der Zeitraum ist frei und kann so
gebucht werden. Sie brauchen für 6 Personen beide Haushälften:
2x 7x 90,- € zzgl. 2x 75,- € für Reinigung, Bettwäsche und
Badvorleger.
Ihr Hund ist genauso willkommen wie Sie selbst und kostet nichts
extra. Der Garten ist eingezäunt.
Wenn Sie fest buchen wollen, senden Sie bitte noch eine Mail mit
Ihren vollständigen Kontaktdaten.

Ich freue mich wieder von Ihnen zu hören und verbleibe mit
sonnigen Grüßen
Stefanie Schreiber

Ergänzen Sie jede Mail mit einer Signatur Ihrer Kontaktdaten – insbesondere der Angabe Ihrer Website. Fragen Sie den Interessenten nach seinen vollständigen Daten, also der Postadresse und den Telefonnummern, auch wenn Sie Ihre Bestätigung grundsätzlich oder im kurzfristigen Fall per eMail versenden.

Antworten Sie immer, auch wenn der angefragte Zeitraum nicht mehr vakant ist. Bieten Sie Alternativen an. Vielleicht kann der Gast einige Tage früher oder später an- oder abreisen. Wenn Sie mehrere Domizile vermieten, können Sie ein anderes anbieten. Das führt nicht immer zu einer Buchung, ist aber freundlich und professionell und kann zu einem späteren Zeitpunkt zu einem Urlaub in Ihrem Haus führen. Sie brauchen auch im nächsten und übernächsten Jahr Gäste.

Beispiel für eine Absage mit einem Alternativangebot:

Guten Tag Herr Interessent,
vielen Dank für Ihre Anfrage, leider kann ich Ihnen den gewünschten Zeitraum nicht mehr anbieten, alternativ könnten Sie vom 31.05.-03.06. kommen.
Der Preis beträgt dann 3 x 65,- € zzgl. 60,- € für Reinigung, Bettwäsche und Badvorleger.

Mit freundlichen Grüßen
Stefanie Schreiber

Sie brauchen keine langen Texte zu verfassen, schreiben Sie explizite preisliche Angebote, wenn der Gast danach fragt. Zudem können Sie immer den Verweis auf Ihre Website geben. Die meisten Anfragen kommen über die Ferienportale. Ihre Website gibt ausführlichere Informationen. Beantworten Sie alle Fragen und fassen Sie sich ansonsten gerne kurz.

Ob Sie diese Aufgabe übernehmen können, hängt von Ihrer sonstigen Tätigkeit und der verfügbaren Zeit ab. Wenn Sie Ihre Anfragen jeden Abend beantworten können, reicht das vollkommen aus. Sie werden trotzdem ab und zu hören, dass sich das längst erledigt hat. Das ist mir auch schon passiert, als ich nach einer halben Stunde reagiert habe.

Die meisten Interessenten möchten per eMail kontaktiert werden. Ich persönlich finde es auch angenehmer. Als ich mit der Vermietung im Jahr 1999 begann, habe ich viele Anfragenden angerufen, weil ich dachte, ich könnte die Zusage dann schneller bekommen. Das war ein Trugschluss. Oftmals fragt eine Person an und bespricht sich nach Ihrer Reaktion mit dem Partner oder der Familie. Es ist vorteilhafter per eMail zu antworten, der Gast hat schriftliche Informationen und kann in Ruhe überlegen und planen. Manche Urlauber fragen etliche Domizile an und verlieren schon etwas den Überblick, da ist eine schriftliche Antwort nachhaltiger. Für Sie ist es einfacher und ebenfalls übersichtlicher, was Sie bereits abgearbeitet haben.

Sonderfall: Wie Sie betrügerische Anfragen erkennen

In jeder Branche versuchen Betrüger auf Kosten anderer illegal zu Geld zu kommen. Leider ist auch der Bereich Vermietung von Ferien-immobilien davor nicht gefeit.

Folgende Signale können auf Betrug hinweisen. Dies kann insbesondere der Fall sein, wenn mehrere Aspekte gleichzeitig auftreten:

- o Sehr schlechte Grammatik
- o Unklarheiten bezüglich der angefragten Termine
- o Kontaktdaten in England oder Übersee
- o Zu viele Informationen
- o Anfrage langer Zeiträume
- o Unnötige Informationen zu den Zahlungen
- o Nutzung unterschiedlicher Namen

Im Detail kann das Folgendes bedeuten:
- o Sehr schlechte Grammatik
  Das heißt natürlich nicht, dass jede Mail mit einer fragwürdigen Grammatik unseriös ist, aber in Kombination mit weiteren dieser Aspekte, sollten Sie vorsichtig sein.
- o Unklarheiten bezüglich der angefragten Termine
  Es wird eine zu große Flexibilität der Zeiträume angeboten, die meisten Urlauber haben konkrete Vorstellungen und sind nur bedingt flexibel.
- o Es werden kostenlose eMail-Adressen .com und .uk ergänzt mit der Angabe von Telefonnummer mit amerikanischen oder englischen Vorwahlen genutzt. Natürlich können sie aus dem englisch-sprachigen Raum seriöse Anfragen bekommen. Achten Sie auf die Kombination mit anderen Aspekten dieser Liste.
- o Zu viele Informationen
  Sie bekommen sehr viele Informationen, die für die Buchung völlig irrelevant sind. Das können sowohl rührselige Geschichten über den Aufenthaltes als Geschenk an ein Familienmitglied sein oder die Daten einer Agentur, die als Kontakt dient.
- o Anfrage langer Zeiträume
  Lange Zeiträume werden nur noch selten gebucht, umso verlockender ist es, so eine Buchung zu realisieren. Auch in diesem

Fall gilt, es gibt die Buchung von mehreren Wochen wirklich, achten Sie auf weitere Signale.

o Unnötige Informationen zu den Zahlungen
Es ist nicht üblich, dass der potenzielle Gast eine Zahlungsmethode anbietet - diese teilt der Vermieter in seinen Unterlagen mit.
Wird Ihnen angeboten, einen Bankscheck zu schicken, der über die Höhe der Miete hinausgeht, seien Sie alarmiert. Dies ist auf jeden Fall ein Betrugsversuch. Der Betrüger verlangt im Anschluss, den überzahlten Differenzbetrag zurück zu überweisen. Überflüssig zu erwähnen, dass der Scheck keine Deckung aufweisen wird.
Bitte seien Sie wachsam, wenn Sie Zahlungen über Western Union oder Money Gram angeboten bekommen. Diese Zahlungsmethoden werden von Betrügern bevorzugt, weil sie seriös klingen. Sie sind jedoch nicht nachzuverfolgen.

o Nutzung unterschiedlicher Namen
Wer den Überblick über den benutzten ‚eigenen Namen' verliert, sollte lieber nicht Gast in Ihrem Haus werden.

Zusammenfassende Empfehlung
Vertrauen Sie auf Ihr Bauchgefühl. Wenn Sie den Eindruck haben, dass Sie an diesen Gast lieber nicht vermieten wollen, lassen Sie es sein.

6.3.2   Telefonische Erreichbarkeit

✦ für Anfragen

Ohne Mobiltelefon geht es heute nicht mehr. Geben Sie Ihre Nummer an, seien Sie meistens erreichbar und dann natürlich ganz wichtig: Führen Sie Ihre Belegungskalender mit sich, damit Sie Auskunft geben und gegebenenfalls Alternativen anbieten können. Wenn Sie den Belegungskalender Ihrer Website aktuell halten, können Sie darauf verweisen, wenn Sie gerade im Auto unterwegs sind oder die Kalender ausnahmsweise nicht dabei haben. Auch bietet sich ein zeitnaher Rückruf an.

✦ für Anliegen der Gäste vor Ort in Ihrem Haus

Das ist ein Fall, der relativ selten vorkommt. Wenn Sie eine Hausbetreuung aus der Nähe haben, ist sie die erste Ansprechpartnerin. Sollte etwas im Haus defekt sein, wird sie zuerst angerufen. In seltenen Fällen werden die Telefonate bei Ihnen ankommen. Als Beispiele sind sehr zufriedene Gäste zu nennen, die noch ein paar Tage verlängern wollen, wie auch das Gegenteil. Es kann leider vorkommen, dass Gäste sich Ihr Domizil komplett anders vorgestellt haben und abreisen wollen. Das Kapitel 8 befasst sich mit diesen Herausforderungen. Ein Thema wird die Reklamationsbehandlung sein.

Es kann passieren, dass der Fernseher oder die Toilette nicht funktionieren und Sie einen Handwerker oder Reparaturservice organisieren müssen.

✦ für Ihre Hausbetreuung

Ihre Betreuung ist an der ‚Front'. Stehen Sie durch telefonische Erreichbarkeit unterstützend zur Verfügung, wenn es Fragen oder Probleme gibt.

Tipp
Sichern Sie Ihre Erreichbarkeit auf jeden Fall an den Tagen, an denen Gäste ab- oder anreisen. Sorgen Sie für eine Vertretung, wenn Sie selbst verreisen.

6.3.3 Erstellung der Buchungsunterlagen

Da Sie die Unterlagen mit der Post versenden, müssen Sie im zweiten Schritt zeitnah zu einem Briefkasten. Im vorherigen Kapitel haben Sie Informationen über die Zusammenstellung professioneller Buchungsunterlagen erhalten, hier noch einmal als Wiederholung:

- Anschreiben
- Mietvertrag in doppelter Ausführung
- Serviceseite zur Ausstattung Ihres Domizils
- Wegbeschreibung
- Flyer, Post- und/oder Visitenkarte

Wenn Sie für all diese Unterlagen Vorlagen erstellen, hält sich der Zeitaufwand mit ein bisschen Routine in Grenzen.

6.3.4 Pflege der Belegungskalender

Dies betrifft Ihre eigene Website und die Ferienportale, auf denen Sie mit Onlinebroschüren inserieren.
Wenn Sie Ihre Website selbst erstellt haben, befindet sich die entsprechende Software bereits auf Ihrem Rechner. Andernfalls ist es ratsam, diese zu erwerben, damit Sie die Kalender selbst aktualisieren können. Es ist eine häufig wiederkehrende Tätigkeit und sollte von Ihnen selbst erledigt werden können, wenn Sie die Vermietung und Verwaltung in Eigenregie durchführen. Planen Sie für die Software ein Budget von 200 Euro ein.
Für die Belegungskalender in den Ferienportalen benötigen Sie keine Zusatzsoftware. Sie gehen auf die entsprechende Seite im Internet, loggen sich mit Ihren Zugangsdaten ein und los geht es. Die Handhabung variiert in den Ferienportalen, ist in der Regel einfach und schnell umsetzbar.

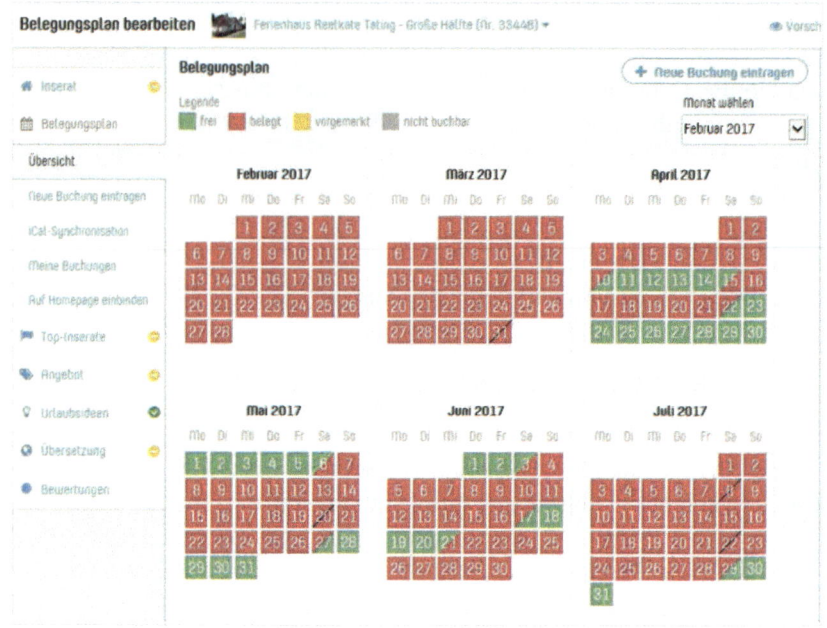

Abbildung 15: Online-Vermieterbereich mit Belegungskalender

Quelle: www.traum-ferienwohnungen.de

Tipp

Nutzen Sie bei Buchung mehrerer Portale die Im- und Exportfunktion der Belegungskalender namens „iCal". Sie erzeugen, in dem exportierenden Kalender einen Link und fügen ihn in einem anderen Portal wieder ein. Damit brauchen Sie lediglich den ersten Kalender pflegen, die auf den importierenden Portalen werden automatisch einmal täglich aktualisiert.

6.3.5 Überprüfung der Geldeingänge

Ein praktikables Mittel, einen guten Überblick zu behalten, ist eine Excel-Tabelle mit dem Namen des Gastes, dem Urlaubszeitraum, dem offenem Betrag und dem Fälligkeitsdatum. So haben Sie eine Übersicht, wann die

Zahlungen eingehen sollen und über die Summe der offenen Beträge. Wenn Sie die Liste um Ihre Verbindlichkeiten erweitern, haben sie ständig den Überblick über Ihre Liquidität.

Einnahmen			
Wann?	wer?	Anreise	Wieviel?
Haus 1			
	Gast x	Aug	600,00 €
	Urlauber a	Juni	813,00 €
	Gast y	Aug	600,00 €
15.05.	Urlauber b	Juni	497,00 €
20.05.	Gast z	Juli	623,00 €
			3.133,00 €
Haus 2			
	Urlauber c	Aug	375,00 €
27.05.	Gast s	Juli	1.255,00 €
			1.630,00 €
			4.763,00 €
Juni			
03.06.	Gast a	Haus 1 | Juli	355,00 €
03.06.	Gast v	Haus 1 | Juli	329,00 €
10.06.	Gast b	Haus 1 | Juli	685,00 €
10.06.	Urlauber xy	Haus 2 | Juli	375,00 €
10.06.	Urlauber zz	Haus 2 | Juli	275,00 €
17.06.	Gast ab	Haus 2 | Juli	375,00 €
17.06.	Urlauber abc	Haus 2 | Juli	275,00 €

Tabelle 12: Einnahmenübersicht

Ist die Vorauszahlung eingegangen, senden Sie das zweite Exemplar des Mietvertrages unterschrieben zurück an den Gast. Kommt die Restzahlung nicht fristgerecht auf Ihr Konto, können Sie freundlich erinnern.

6.3.6   Übermittlung der Belegdaten

Übermitteln Sie die Belegdaten möglichst früh an Ihre Hausbetreuung, damit sie planen kann, wann sie für Ihr Haus zur Verfügung stehen muss. Die Buchungen erfolgen immer kurzfristiger, da ist Flexibilität erforderlich – und das bei relativ kleinen Verdienstmöglichkeiten.

Übermitteln Sie die Belegdaten grundsätzlich schriftlich, am besten per eMail. Das ist wesentlich fehlerfreier als die mündliche Weitergabe der Daten am Telefon.
Folgende Daten sollten Sie an die Hausbetreuung weitergeben:

o   An- und Abreisedatum, ggf. Wohneinheit
o   Name des Gastes
o   Telefonnummer, am besten mobil, dann kann sie die Gäste auch unterwegs erreichen, wenn sich die Anreise verzögert oder die Gäste sich nicht selbst melden
o   Anzahl der anreisenden Personen und ggf. Tiere

6.3.7   Personalauswahl und –führung

↓ Stellenbeschreibung
Schwerpunkt der Tätigkeit ist die Reinigung des Hauses, aber ich empfehle Ihnen: Suchen Sie eine gute Seele des Hauses - keine Putzfrau. Der Unterschied liegt in Ihrer Haltung und in der Einstellung der Mitarbeiterin zu der Tätigkeit in Ihrem Haus. Meiner Erfahrung nach ist diese Tätigkeit viel mehr als ein Reinigungsjob und Sie bekommen mehr, wenn Sie diesen Gedanken transportieren. Das Haus muss sauber sein, wenn Ihre Gäste kommen, das ist ein wichtiger Aspekt. Doch Sie sind nicht vor Ort, wenn die Urlauber kommen. Sie brauchen jemanden, der die Idee des Zuhauses auf Zeit mitträgt, der sich engagiert. Es sollte nicht nur

sauber, sondern einladend sein. Die Hausbetreuung heißt die Gäste persönlich willkommen.

Zu den weiteren Aufgaben gehört die Wäschepflege bei ihr zuhause. Schließlich hängt es von Ihren Gegebenheiten ab, ob Sie zusätzlich einen Gärtner benötigen. Bei Wohnungen oder Häusern mit kleinen Außenbereichen ist es sinnvoll, wenn auch diese Pflege die Hausbetreuung übernimmt. Das Bepflanzen und Pflegen von Kübeln, damit ein paar Blumen vor der Tür oder auf dem Balkon eine freundliche Atmosphäre verbreiten, kann dazu gehören wie das Mähen einer kleinen Rasenfläche.

Schließlich gehören Kontrollgänge in den unbewohnten Zeiten zu dem Aufgabengebiet Ihrer Hausbetreuung. Lassen Sie diese einmal wöchentlich durchführen. In der Regel betrifft dies das Winterhalbjahr. Zu prüfen ist, ob die Heizung auf Frostschutz läuft, niemand eingebrochen hat und sonst alles in Ordnung ist. Wenn die Außentemperaturen unter -10°C fallen, empfiehlt sich die Kontrolle zweimal pro Woche.

⤞ Anforderungsprofil

Es handelt sich bei der Hausbetreuung um eine kleine Nebentätigkeit. Der Verdienst variiert je nach Saison und Aufenthaltsdauer der Urlauber, ist abhängig von der Anzahl der Wohneinheiten und den Wohnungsgrößen. Der Trend geht zur Buchung von kurzen Zeiträumen, insofern gibt es häufiger An- und Abreise der Gäste als noch vor zehn Jahren. Trotzdem liegen die Verdienstmöglichkeiten im Rahmen eines Minijobs.

Sie benötigen eine Person, die sich lediglich einen kleinen Nebenverdienst wünscht. Nicht zu vereinbaren ist die Tätigkeit mit einem Vollzeitjob, da das Haus auch in der Woche und nicht nur am Wochenende gereinigt werden muss. Damit würden Sie Ihre Vermietungschancen zu sehr einschränken. Sie benötigen eine Person, die sehr flexibel ist und der Tätigkeit in Ihrem Haus den Vorrang gibt – obwohl es nicht viel zu verdienen gibt.

Meistens bewerben sich Frauen auf die Stellenangebote. In Bezug auf die Reinigung ist es sicherlich unerheblich, ob Sie einen Mann oder eine Frau einstellen. Den besseren Blick für Details der Einrichtung, Dekoration und Gemütlichkeit haben oftmals Frauen – Ausnahmen bestätigen die Regel.

Kleine Reparaturen können beide gut ausführen, oftmals habe ich eine weibliche Hausbetreuung, die von Ihrem Mann unterstützt wird.

Der Job ist ideal für ältere Frauen, die nicht mehr voll arbeiten wollen, nicht mit Kinderbetreuung betraut sind, sich etwas nebenher verdienen und ein bisschen Verantwortung tragen wollen. Doch auch Mütter können in Frage kommen, wenn sie von der Familie unterstützt werden. In jedem Fall sollte die Mitarbeiterin in der Nähe des Hauses wohnen, damit sie kurze Wege hat.

Entscheiden Sie im Einzelfall und nach Bauchgefühl. Es handelt sich um eine vertrauensvolle Tätigkeit. Sie können nicht ständig kontrollieren und die Gäste melden Ihnen nicht unbedingt zurück, wenn sie mit der Sauberkeit nicht zufrieden waren oder trotz Vereinbarung nicht empfangen wurden.

+ Stellenangebote
Ich schalte meine Stellenangebote grundsätzlich in den regionalen Anzeigenblättern, gleichzeitig werden sie im Internet veröffentlicht.
Eine Stellenanzeige für die Suche einer Hausbetreuung kann wie folgt aussehen:

> *Seele des Hauses gesucht!*
> *Für die Betreuung eines Ferienhauses in Musterort bei Musterstadt,*
> *u.a. Reinigung, Empfang der Gäste, Wäschepflege als*
> *Nebentätigkeit, ganzjährig ab sofort.*
> *Bitte melden Sie sich bei ,Vermieter' unter 01xx 123 4567*

⊥ Vorstellungsgespräche

Planen Sie für die Vorstellungsgespräche einen Tag vor Ort in dem Haus ein. Mit Terminen im Stundentakt haben Sie ein realistisches Zeitfenster für jedes Gespräch zur Verfügung. Gönnen Sie sich eine Stunde Pause zur Mittagszeit, in der Sie etwas Kraft schöpfen können.

Machen Sie sich auf jeden Fall nach jedem Gespräch Notizen über den Gesamteindruck und einige Details. Ohne diese Aufzeichnungen können Sie sich mit großer Wahrscheinlichkeit am Ende des Tages an die Einzelheiten nicht mehr erinnern. Vergeben Sie eine Gesamtnote und schreiben Sie einen Trend auf, ob Sie sich die Zusammenarbeit vorstellen können. Was spricht für und was gegen die Bewerberin? Diese Auswahl ist oftmals nicht ganz einfach.

Überlegen Sie sich, ob es notwendig ist, jeder Bewerberin das ganze Haus zu zeigen. Alternativ können Sie auf Ihre Website verweisen. Engagierte Bewerberinnen haben dies bereits als Vorbereitung auf das Gespräch getan.

Ich habe einen Fragebogen für Vorstellungsgespräche erarbeitet, entscheiden Sie bitte im Einzelfall, wie konsequent Sie ihn nutzen wollen:

1. Haben Sie schon einmal ein Ferienhaus betreut?
2. Was stellen Sie sich vor?
3. Was glauben Sie, ist für die Gäste wichtig?
4. Welche Tätigkeiten, denken Sie, beinhaltet der Job?
5. Welche Qualitäten sind Ihrer Meinung nach wichtig?
6. Was haben Sie bisher gemacht?
7. Was machen Sie zurzeit?
8. Haben Sie Festnetz, Mobiltelefon und eMail?
9. Das Haus hat 4 Zimmer, Küche, Bad und WC, ca. 100qm,
   a. was muss alles gereinigt werden und
   b. wie lange meinen Sie, brauchen Sie für die Reinigung?
10. Außenbereich, Garten
11. Was möchten Sie verdienen?
    a. Reinigung, Gartenarbeit
    b. Gästeempfang, Waschen zu Hause, Kontrollgänge

Machen Sie auf jeden Fall einen schriftlichen Vertrag. Dies wirkt professionell und regelt die Rechte und Pflichten.

Reetkate Tating

Martendorf 13 * 25881 Tating

Betreuungsvertrag

zwischen
Stefanie Schreiber
und
Nina Hausbetreuung
Hausgasse 1 | 25823 Feriendorf | mobil

für die Reetkate Tating

Frau Hausbetreuung übernimmt ab 01. April 2017 die Betreuung der Reetkate Tating, Martendorf 13 in 25881 Tating zu einem Pauschalpreis von 60,- Euro.

Die Betreuung umfasst folgende Arbeiten:
- Schlüsselübergabe an die Gäste im Haus und Einweisung in die Heizung etc.
- Abnahme der Haushälften bei Abreise der Gäste
- Bei Bedarf Schlüsselübergabe an Handwerker, Schornsteinfeger
- Besuch der Reetkate 1-2 mal pro Woche in unbewohnten Zeiten zur Kontrolle der Heizung
  und Beleuchtung und zum kurzen Durchlüften (2x bei Temperaturen unter 10°C)
- Wäschepflege
- Bereitstellung der Mülltonnen zur Leerung an der Straße und nach Abfuhr Zurückstellen
  auf den Platz auf dem Grundstück

Die Hausreinigung wird getrennt nach Aufwand mit 10,- € pro Stunde vergütet. Frau Hausbetreuung reinigt das Haus selbst, gern kann sie sich unterstützen lassen. Gleiches gilt für leichte Pflegearbeiten im Garten.

Frau Hausbetreuung stellt Frau Schreiber Anfang des Folgemonats eine Rechnung, die ohne Zahlungsziel sofort unbar zu begleichen ist.
Dieser Vertrag kann von beiden Parteien ohne Angabe von Gründen mit einer Kündigungsfrist von vier Wochen jeweils zum Monatsende gekündigt werden.

Martendorf, den 28. März 2017

---   --
Nina Hausbetreuung   Stefanie Schreiber

Stefanie Schreiber
Alter Elbdeich 124 * 21217 Seevetal-Over
040 / 69 69 195 -15 * 0173 230 1664
Stefanie.Schreiber@Reetkate.de * www.Reetkate.de
Nord-Ostsee Sparkasse * Kto-Nr: 141035584 * BLZ: 217 500 00 * IBAN DE98 2175 0000 0141 0355 84

Abbildung 16: Beispiel für einen Betreuungsvertrag

138

⬩ Konditionen und Bezahlung

Das Beispiel des Betreuungsvertrages zeigt eine Variante, wie die Bezahlung geregelt werden kann. Sie setzt sich aus einer Pauschale und dem Stundensatz für Reinigung und möglicher Gartenarbeit zusammen. Pro Stunde empfehle ich einen Verdienst von mindestens zehn Euro. Der Mindestlohn ab dem 01. Januar 2017 auf 8,84 Euro brutto pro Stunde angehoben worden.

Zahlen Sie einen fairen Stundenlohn, dann werden Sie ebenfalls fair behandelt werden. Es ist ein Verhältnis, das auf Vertrauen basiert.

Legen Sie die Obergrenzen für die benötigte Reinigungszeit fest. Die Betreuung arbeitet sehr selbständig, also müssen Sie darauf vertrauen, dass die aufgeschriebene Zeit, der wirklich gearbeiteten entspricht.

Zusätzlich erhalten meine Hausbetreuungen eine monatliche Pauschale, die das ganze Jahr gezahlt wird. Sie ist die Entlohnung für den Empfang der Gäste, die Wäschepflege und die Kontrollgänge in unbewohnten Zeiten und basiert ebenfalls auf einem Stundenlohn von zehn Euro. Für ein Haus mit acht Betten – in zwei Wohneinheiten – beträgt die Pauschale 60 Euro im Monat.

⬩ Kennen lernen, Einarbeitung und Beziehung pflegen

Ich empfehle Ihnen, die Einarbeitung selbst zu übernehmen. Dafür ist es wichtig, dass Sie Ihr Domizil mindestens einmal, besser mehrfach selbst gereinigt und vorbereitet haben. Sie können die Zeit einschätzen, die benötigt wird. Sie wissen, worüber Sie reden und die Arbeit Ihrer Mitarbeiterin noch viel besser zu schätzen! Außerdem decken Sie eventuell unpraktische Einrichtungsdetails auf.

Bereiten Sie zur Einarbeitung das Haus zusammen mit der Reinigungskraft vor, das verschafft Ihnen Respekt und Sie sehen, wie gut Ihre neue Mitarbeiterin arbeitet. Das Haus wird in Ihrem Sinne gereinigt und präsentiert. Sie können lenken und korrigieren.

Empfangen Sie die Gäste zusammen mit der neuen Mitarbeiterin, das gibt ihr Sicherheit und Sie können sich abstimmen, wie der Ablauf sein soll.

Im laufenden Betrieb werden Sie Ihre Betreuung wochen- oder monatelang nicht sehen. Es ist sinnvoll und empfehlenswert, anfangs eine

Beziehung aufzubauen, damit Sie eine loyale Mitarbeiterin – oder einen Mitarbeiter - bekommen.

Pflegen Sie diese Beziehung bei Ihren Besuchen vor Ort. Nehmen Sie sich die Zeit für einen gemeinsamen Kaffee. Sie festigen das Miteinander und erhalten wertvolle Informationen über Ihr Haus, Ihre Gäste, die Nachbarn und Umgebung. Zeigen Sie Respekt und wertschätzen Sie Ihre Mitarbeiter mit Aufmerksamkeiten zum Geburtstag oder bei besonderem Engagement.

Es wird immer schwieriger, gutes und loyales Personal zu finden!

+ Kontrolle

Vertrauen ist gut, Kontrolle ist besser. Ein alter Spruch, der auch hier seine Gültigkeit hat. Im Alltag fällt es manchmal schwer, dieser Aufgabe nachzukommen, aber versuchen Sie es ab und zu einzuplanen. Es ist ein Ausflug zu Ihrem Haus, das in einer Gegend steht, die Ihnen am Herzen liegt. Machen Sie einen schönen Tag daraus!

6.4   Vermietung und Verwaltung durch eine Agentur

Wenn Sie meinen, dass Sie mit der Eigenregie überfordert sind, weil Sie es nicht in Ihren Tagesablauf integriert bekommen oder es Ihnen nicht liegt, ist die Vermietung bzw. Verwaltung über eine Agentur eine gute Alternative. Die Provision ist umsatzabhängig. Sie zahlen fünfzehn bis achtzehn Prozent von Ihren Mieteinnahmen zuzüglich Mehrwertsteuer. Das klingt viel, ist aber absolut gerechtfertigt.

Es gibt zwei Wege, um die Agentur Ihres Vertrauens zu finden. Sie können im Internet recherchieren oder persönlich in der Umgebung Ihres Domizils schauen.

In klassischen Feriengebieten gibt es Agenturen, die sich auf diese Region spezialisiert haben. Vorteil hierbei ist, dass auch Spontanurlauber hier vorstellig werden, um kurzfristig eine Unterkunft zu finden. Außerdem haben Sie einen Spezialisten für diese Region.

Da die Agentur sich nicht nur um die Vermarktung und die Abwicklung der Buchungsanfragen kümmert, sondern auch das gesamte Personal-Management für Sie übernimmt, ist es absolut sinnvoll, wenn dieser Dienstleister sich in unmittelbarer Nähe zu Ihrem Feriendomizil befindet.

Die Agentur organisiert die Reinigungskräfte, Schlüsselübergaben und Hausmeisterdienste – sehr wichtige Aufgaben für den Erfolg Ihrer Vermietung!

Ich empfehle Ihnen, mit der Agentur klare Absprachen zu treffen. Legen Sie fest, wann welche Zeiträume wie vermietet werden sollen. Bestimmen Sie Mindestzeiträume, Maximalbelegungen und Konditionen für Tiere. Wenn Sie ein Domizil vermieten, das für mehr als zwei Personen geeignet ist, empfehle ich Ihnen im Juli und August lediglich wochenweise mit Reisetag Samstag zu vermieten. In der Hauptferienzeit ist es sinnvoll, eine komplette Auslastung zu gewährleisten.
Generell vermieten viele Anbieter nicht mehr unter drei Nächten. Manchmal ist Flexibilität nützlich. Führen Sie ein längeres Gespräch mit der Agentur. Stellen Sie Fragen und lassen Sie sich Empfehlungen geben, Sie sprechen mit Experten.
Vertrauen Sie ihnen, doch machen Sie sich auch Ihre eigenen Gedanken und stellen Sie Regeln auf. Es ist Ihr Haus!
Einen Mustervertrag und AGBs finden Sie in meinem Ratgeber „Erfolgreiche Vermarktung Ihrer Ferienimmobilie".

6.5   Zusammenfassung Eigenregie oder Agentur

Wenn Sie es sich zutrauen, Ihr Haus in Eigenregie zu vermieten, hat dies viele Vorteile. Sie sind mit dem Haus enger verbunden als wenn Sie sich von einer Agentur vertreten lassen. Sie können es auch eine Weile selbst machen, es ausprobieren und das Geschäft kennen lernen. Eine Agentur können Sie jederzeit beauftragen.
Entscheiden Sie selbst, welches Modell am besten zu Ihnen und Ihrem Leben passt.

Kompakte Zusammenfassung des sechsten Schrittes

Verwaltung des Ferienhauses	Die Anforderungen an die Verwaltung einer Ferienimmobilie sind vielschichtig. Mit Hilfe des Fragenkatalogs können Sie entscheiden, ob Sie diese Aufgabe selbst übernehmen wollen oder ob Sie eine Agentur beauftragen.
	Wenn es Ihnen liegt und in Ihren Zeitrahmen passt, hat die eigenverantwortliche Vermietung den großen Vorteil, dass Ihre Leidenschaft und Ihr persönliches Engagement Ihren Erfolg beeinflussen.
	Das Aufgabengebiet umfasst folgende Tätigkeiten: o Beantwortung der Anfragen per Mail o Telefonische Erreichbarkeit o Erstellung der Buchungsunterlagen o Pflege der Belegungskalender o Überprüfung der Geldeingänge und Folgeaktivitäten o Übermittlung der Belegdaten an Ihre Hausbetreuung o Personalauswahl und –führung
	Mit einer Agentur haben Sie einen professionellen Partner an Ihrer Seite, der die Region bzw. das Geschäft sehr gut kennt.

7 Betreuung vor Ort

In Kapitel 6 haben Sie erfahren, was bei der Auswahl Ihrer Hausbetreuung wichtig ist und wie Sie sie finden.
Die Aufgaben werden an dieser Stelle explizit beschrieben. Ich gebe Ihnen Checklisten an die Hand und Empfehlungen, worauf Sie besonders achten sollten.

7.1 Übersicht der Aufgaben

- o Reinigung
- o Empfang und Verabschiedung der Gäste
- o Wäschepflege
- o Kontrollgänge in unbewohnten Zeiten
- o Telefonische Erreichbarkeit für kleine Probleme vor Ort
- o Kleine Reparaturen während der Saison
- o Auffüllen der Vorräte an Reinigungsmitteln in der Saison
- o Gartenarbeit

7.1.1 Reinigung

Die Reinigung des Hauses nimmt zeitlich den größten Teil der Tätigkeit ein und Sauberkeit ist eine der Säulen der erfolgreichen Vermietung von Ferienimmobilien.
Da jeder sein eigenes Heim sauber halten muss, kann man davon ausgehen, dass jeder putzen kann - dachte ich, als ich mit diesem Geschäftszweig begann. Schnell wurde ich eines Besseren belehrt.
Legen Sie also klar fest, was Sie alles gereinigt haben wollen und wie gründlich. Als Orientierung und Unterstützung habe ich eine Checkliste zum Abhaken entwickelt, die ich der Reinigungskraft aushändige, wenn sie ihre Tätigkeit aufnimmt.

Diese kann wie folgt aussehen. Passen Sie sie einfach an die Gegebenheiten in Ihrem Haus an.

↓ Reinigungsanleitungen bzw. Checklisten

Empfehlenswert ist, nach einer bestimmten Reihenfolge zu reinigen, am besten von oben nach unten, erst das Obergeschoss - wenn vorhanden - dann den unteren Bereich, zum Schluss alles feudeln.

Auch innerhalb der Räume ist die Regel ,von oben nach unten' optimal, Krümel und Staub fallen beim Wischen auf den Boden, diesen also zuletzt reinigen.

Wohnzimmer

Position	Datum	Datum	Datum	Datum
Fenster nach Sichtkontrolle im Zweifel JA				
Jalousien sauber?				
Decke und Lampen sauber?				
Fensterbänke und Schnickschnack feucht abwischen				
Tische, TV feucht abwischen				
Sind die Kissen sauber und enthaart?				
Wolldecken zum Waschen mitnehmen, wenn Flecken darauf sind Ersatz bereit hinlegen				
Couchgarnitur entkrümeln				
Heizkörper sauber?				
Fußboden saugen Möbel dabei verschieben, nicht drum herum saugen!				
Zum Schluss alles feudeln				

Tabelle 12: Checkliste Reinigung Wohnzimmer

Schlafzimmer

Position	Datum	Datum	Datum	Datum
Decke und Lampen sauber? Spinnenweben entfernt?				
Betten beziehen - dabei staubt es - also am besten zuerst, Matratzenschoner nach Sichtkontrolle waschen, Betthupferl nicht vergessen				
Fenster nach Sichtkontrolle im Zweifel JA				
Jalousien/Rollos sauber?				
Fensterbänke, Nachttische und Schnickschnack feucht abwischen				
Kontrolle der Schränke, haben Gäste etwas vergessen? Sind die Schränke von innen und außen sauber?				
Heizkörper sauber?				
Fußboden saugen – auch unterm Bett bis in diese Ecken				
Fußboden feudeln – auch unterm Bett				

Tabelle 13: Checkliste Reinigung Schlafzimmer

Bad

Position	Datum	Datum	Datum	Datum
Alles muss hygienisch und optisch sauber sein! ✓ Decke/Lampen sauber? ✓ Armaturen sollen glänzen ✓ Dusche sauber? ✓ Waschbecken? Incl. Abfluss? ✓ Seife aufgefüllt? ✓ WC sauber?! ✓ Spiegel? ✓ Kleines Eimerchen? ✓ Duschvorhang sauber? ✓ Fenster? ✓ Alle Haare entfernt? ✓ Fußboden sauber? ✓ Heizkörper sauber?				

Tabelle 14: Checkliste Reinigung Bad

Küche

Position	Datum	Datum	Datum	Datum
Decke und Lampen sauber? Auf Spinnenweben achten!				
Fenster nach Sichtkontrolle im Zweifel JA				
Jalousien sauber?				
Fensterbänke, Tische, Buffets und Schnickschnack feucht abwischen				
✓ Kontrolle der Schränke, sind die Schränke von innen und außen sauber? ✓ Ist das Geschirr sauber? ✓ Besteckkasten entkrümelt? ✓ Müllbehälter sauber und mit neuen Tüten bestückt? ✓ Müllbeutel und Folien vorhanden?				
Kamin/Scheibe vom Kaminofen sauber?				
Heizkörper sauber?				
Fußboden saugen				
Fußboden feudeln				

Tabelle 15: Checkliste Reinigung Küche

Flur

Position	Datum	Datum	Datum	Datum
Heizkörper sauber?				
Fußboden saugen				
Fußboden feudeln				

Tabelle 16: Checkliste Reinigung Flur

> *Bitte nach Abreise der Gäste auf Beschädigungen achten und diese an mich melden.*
> *Wichtig ist, dass alles hygienisch sauber ist!*
> *Achten Sie bitte in allen Räumen auf Spinnenweben, Haare und Flecken. Alles muss sauber und ansprechend, ja einladend sein!! Die Gäste haben Urlaub und sie zahlen für die Reinigung!*
> *Bitte die Gartenmöbel nicht vergessen, ab und zu müssen diese feucht abgewischt werden.*
> *Die Blumen vor und die Kakteen im Haus ab und zu gießen, auch die Gäste dazu ermuntern.*
> *Viel Spaß und bei Fragen gern anrufen!*
> *Stefanie Schreiber*

7.1.2   Empfang und Verabschiedung der Gäste

Es ist ein schöner Service, die Gäste persönlich zu empfangen. Nach langer und möglicherweise stauiger Anfahrt mit Kindern und Hunden sind sie froh endlich am Ziel zu sein. Wenn sie bei ihrer Ankunft mit einem Lächeln empfangen werden und das Domizil gezeigt bekommen, ist das ein schöner Start in den Urlaub.
Lassen Sie Ihren Gästen von der Hausbetreuung ein paar Tipps zu Einkaufsmöglichkeiten und Ausflugszielen geben. Da sie in der Umgebung wohnt, kann sie die Urlauber mit vielen hilfreichen Informationen versorgen und auch Fragen beantworten.

Die persönliche Verabschiedung kann ein wichtiges Feedback ergeben. Außerdem ist es sinnvoll zu überprüfen, ob etwas beschädigt wurde. Das kommt selten, aber doch ab und zu vor. Handelt es sich um einen größeren Schaden, sind die Verursacher oftmals vor der verabredeten Zeit abgereist. Im Einzelfall ist zu entscheiden, ob ihnen eine Rechnung gestellt werden sollte. Wichtig ist, dass es eindeutig zuzuordnen ist, wer für den Schaden verantwortlich ist. Dies kann in der Hektik der Hauptsaison leicht übersehen werden. Lassen Sie Ihre Betreuung bei einem Bettenwechsel daher alles genau überprüfen.

7.1.3 Wäschepflege

Aus organisatorischen Gründen pflegt die Hausbetreuung die Wäsche bei sich zu Hause. Zu den Bettbezügen und Laken kommen Gardinen, Tischdecken, Kissenbezüge, Flickenteppiche, Duschvorhänge, Matratzenschoner, Bettdecken und –kissen, die nicht bei jedem Bettenwechsel, sondern in größeren Abständen nach Bedarf gereinigt werden. Im Rahmen des Frühjahrsputzes sollte alles gewaschen werden.

Wenn sich in Ihrem Domizil eine Waschmaschine befindet, können Gardinen und Duschvorhänge schnell einmal vor Ort aufgefrischt werden.

7.1.4 Kontrollgänge in unbewohnten Zeiten

Ein Haus sollte immer bewohnt sein - das ist mit der Vermietung an Feriengaste leider nicht zu schaffen. So gibt es unbewohnte Zeiten, teilweise auch mehrere Wochen hintereinander.
Schalten Sie alles aus, was unnötig Energie verbraucht. Empfehlenswert sind schaltbare Steckdosenleisten in der TV-Ecke, da diese Geräte im Standby-Betrieb Strom verbrauchen. Auch Kühlschränke brauchen nicht weiterzulaufen. Die Heizung wird im Winter in den Frostschutz-Modus reduziert.

In dieser Zeit ist es wichtig, dass ab und zu geschaut wird, ob alles in Ordnung ist. Im Winter muss überprüft werden, ob die Heizung funktioniert, damit sie nicht einfriert. Auch der unwahrscheinliche Fall eines Einbruchs sollte früh entdeckt werden, um Folgeschäden zu begrenzen. Lassen Sie einige Lampen über Zeitschaltuhren laufen, das Haus sieht bewohnt aus und Einbrecher werden abgeschreckt. Für Diebe befinden sich in einem Ferienhaus keine attraktiven Gegenstände, aber Vandalismus aus Frust kann für Sie fatale Folgen haben.

Tipp

Bei alten Häusern kann es vorkommen, dass nicht alle Wasserrohre optimal isoliert sind. Drehen Sie bei Frost und Ostwind den Hauptwasserhahn ab, dann kann es zu keinen großen Schäden kommen.

7.1.5   Telefonische Erreichbarkeit

Wenn Gäste im Haus sind, hat Ihre Betreuung normalerweise frei bis zu deren Abreise. Doch kann natürlich während des Aufenthaltes etwas kaputt gehen. In diesem Fall ist Ihre Mitarbeiterin der erste Ansprechpartner.

Handelt es sich um eine Kleinigkeit, wie eine defekte Kaffeemaschine, kann sie es selbst beheben – vielleicht haben Sie sogar einige Ersatzgeräte auf Lager. Ansonsten wird sie Sie oder die Agentur informieren und Sie kümmern sich selbst oder bestellen einen Handwerker.

7.1.6   Kleine Reparaturen während der Saison

Wenn Sie Glück haben, finden Sie eine Betreuung mit handwerklichem Geschick. Dies erleichtert viel, kleine Reparaturen können schnell und unkompliziert erledigt werden.

Darüber hinaus ist es vorteilhaft, wenn Sie selbst handwerkliche Fertigkeiten mitbringen. Sie können gleichzeitig nach Ihrer Immobilie schauen und überprüfen, ob alles in Ihrem Sinne abgewickelt wird.

7.1.7   Vorräte

Das sind alle Reinigungsmittel und kleinen Extras, die Sie Ihren Gästen zur Verfügung stellen. Sie finden eine Übersicht im Kapitel 5.2.4. Diese sollten vor der Hauptsaison in möglichst ausreichender Menge auf Lager sein. Dazu gehören auch Artikel wie Ersatz-Leuchtmittel, Staubsaugerbeutel und Betthupferl.

Wenn diese Vorräte nicht für die gesamte Saison reichen, kauft die Betreuung beispielsweise Toilettenpapier, Küchenrollen oder Geschirrspülmittel. Sie können mit einer kleinen Kasse vor Ort arbeiten, dann braucht sie nicht in Vorleistung gehen.

7.1.8   Gartenarbeit

Bei einem kleinen Garten oder einem Balkon ist es sinnvoll, wenn die Betreuung diese Pflege übernimmt. Bei großen Gärten lohnt es sich, einen Gärtner für das Grobe zu beschäftigen. Gartenarbeit ist ein Kostenfaktor, der kalkuliert werden muss. Für große Gärten entstehen Kosten von 500 – 700 Euro pro Jahr, wenn Sie Rasen und Unkraut mähen und z.B. Hecken schneiden lassen.

Wenn Sie einen Gärtner finden, der mit eigenem Equipment zu Ihnen kommt, ist das unkomplizierter für Sie.

Blumen in Kübeln und Beeten können Sie selbst oder durch die Betreuung pflanzen lassen. Es ist ein guter Anlass für einen Ausflug zu Ihrem Haus, bei dem Sie schauen können, ob alles in Ordnung ist.

7.2   Splitting der Aufgaben

In den vorangegangenen Kapiteln bin ich bei meinen Ausführungen davon ausgegangen, dass Sie unabhängig von Ihrem Wohnort eine Immobilie erwerben und diese zu einem Ferienhaus machen.

Zu diesem Modell gibt es zahlreiche Varianten, die auch eine andere Verteilung der Aufgaben möglich macht:

Sie erwerben eine Immobilie, in der Sie selbst wohnen wollen. Es gibt eine oder mehrere Einliegerwohnungen oder zusätzliche Wohneinheiten. Statt diese fest zu vermieten, können Sie sie – je nach Lage – auch an Feriengäste und Monteure vermieten.

Wenn Sie also nebenan wohnen, können Sie das Objekt selbst betreuen. Entweder machen Sie alles selbst oder Sie engagieren lediglich eine Reinigungskraft. Diese können Sie über eine Zeitungsanzeige finden oder Sie beauftragen ein Reinigungsunternehmen. Insbesondere in klassischen Feriengebieten gibt es Unternehmen, die auf die Reinigung von Feriendomizilen spezialisiert sind.

Gleiches gilt für den Fall, in dem Sie Ihre Immobilie umbauen, wenn z.B. die Kinder ausgezogen sind und das halbe Haus leer steht – dies ist eine gute Möglichkeit, ein zusätzliches Einkommen zu realisieren.

Wenn Sie ein großes Haus haben und gern mit Menschen arbeiten, können Sie auch eine kleine Pension daraus machen. Sie bieten Übernachtungen mit Frühstück an. Es empfiehlt sich, bei dieser Variante für jedes Zimmer ein eigenes Bad anzubieten.

7.3 Abrechnungsvarianten

Aus den beschriebenen Varianten der Aufgabenverteilung können sich verschiedene Abrechnungsmodi ergeben:

o Sie erhalten eine Rechnung
o Sie beschäftigen Ihre Minijobber klassisch als 450-Euro-Kräfte

Das bedeutet für Sie im Detail:

7.3.1 Leistungen auf Rechnung

Der unkomplizierte Fall ist für Sie, wenn Sie von dem Reinigungs-unternehmen oder von dem Gärtner eine Rechnung erhalten. In Feriengebieten gibt es Betriebe, die sich auf die Betreuung von Feriendomizilen spezialisiert haben. Sie können lediglich die Reinigung ausführen lassen oder einen Komplettservice buchen.

Diese Firmen betreuen auch Ferienhäuser, die ausschließlich von den Eigentümern selbst genutzt werden und füllen dann beispielsweise zusätzlich den Kühlschrank auf, stellen im Winter ein bis zwei Tage vor Anreise der Inhaber die Heizung an. So kann auch der Empfang Ihrer Gäste gewährleistet werden, weil diese Dienstleistungen sich nicht mit Ihrem Anliegen überschneiden.

Die Rechnung können Sie nach Bezahlung einfach Ihrer Buchführung hinzufügen – sie müssen niemanden anmelden oder Sozialabgaben abführen. Da die Ferienhausmiete in der Regel mehrwertsteuerfrei ist, benötigen Sie keinen Ausweis dieser Steuer. Auch wenn Sie Rechnungen erhalten, auf denen die Mehrwertsteuer ausgewiesen ist, können Sie diese nur dann sofort geltend machen, wenn Sie selbst umsatzsteuerpflichtig sind. (s. Kapitel 11.2.)

7.3.2 Minijob auf 450-Euro-Basis

Die Alternative ist, Ihre Mitarbeiter als klassische Minijobber zu beschäftigen. Die Verdienstgrenze ist am 01. Januar 2013 auf 450 Euro angehoben worden, d.h. das durchschnittliche monatliche Einkommen aus dieser Tätigkeit darf 450 Euro nicht übersteigen. Diese Grenze gilt im Jahr 2017 weiterhin.

Diese wird auch bei der Betreuung mehrerer Wohneinheiten nicht überschritten, da eine Mitarbeiterin maximal zwei Wohneinheiten betreuen kann. Das Zeitfenster für die Reinigung befindet sich zwischen 10 Uhr und 15 Uhr oder maximal 16 Uhr – mehr ist nicht zu schaffen.

7.3.2.1 Beiträge zur Sozialversicherung

Für Arbeitgeber besteht Melde- und Beitragspflicht. Sie melden das Beschäftigungsverhältnis an die Minijob-Zentrale und zahlen pauschale Abgaben, wie die Übersicht auf der folgenden Seite zeigt.

Maßgeblich sind die Angaben für den gewerblichen Bereich. Außerdem müssen Sie den Arbeitnehmer zur gesetzlichen Unfallversicherung anmelden.

Der Beschäftigte selbst zahlt lediglich Beiträge in die Rentenversicherung in Höhe von 3,7% (Senkung von 3,9% am 01. Januar 2015 – weiterhin aktuell im Jahr 2017) - dies ist der Differenzbetrag des Satzes für die Rentenversicherung von 18,7% (bisher 18,9%) und dem Beitrag von 15%, den der Arbeitgeber leistet. Ausnahmen bilden Bezieher einer Vollrente wegen Alters, Ruhestandsbeamte, Bezieher einer berufsständischen Altersversorgung und Arbeitnehmer, die bis zum Erreichen der Regelaltersgrenze nie rentenversichert waren.

Von den übrigen Zweigen der Sozialversicherung ist der Minijobber frei.

Abgaben für 450-Euro-Minijobs im gewerblichen Bereich – Stand Januar 2017

Abgabearten	Höhe der Angaben
Pauschalbeitrag zur Krankenversicherung (KV) ❶	13 %
Beitrag zur Pflegeversicherung (PV)	Keine Abgabe
Pauschalbeitrag Arbeitgeber zur → Rentenversicherung (RV)	15 %
Beitragsanteil des Minijobbers bei Versicherungspflicht in der Rentenversicherung (RV) ❶	3,7 %
→ Umlage 1 (U1) ❶	0,9 %
→ Umlage 2 (U2) ❶	0,3 %
Beitrag zur gesetzlichen → Unfallversicherung (UV)	individueller Beitrag an den zuständigen Unfallversicherungsträger
Arbeitslosenversicherung	keine Abgabe
→ Insolvenzgeldumlage	0,09 %
→ Steuer ❶	2 % Pauschsteuer

Tabelle 17: Pauschalabgaben für Minijobs für Ihr Ferienhaus

[1] *geringfügige Beschäftigung nach § 8 Abs. 1 Nr. 1 Sozialgesetzbuch Viertes Buch (SGB IV)*

[2] *geringfügige Beschäftigung in Privathaushalten nach § 8a SGB IV i. V. m. § 8 Abs. 1 Nr. 1 SGB IV*

[3] *geringfügige Beschäftigung nach § 8 Abs. 1 Nr. 2 SGB IV auch i. V. m. § 8a SGB IV*

[4] *voller Pflichtbeitrag RV = 18,7 % - Der Arbeitgeber trägt den jeweiligen Pauschalbeitrag zur RV; der Arbeitnehmer den Rest (in der Regel 3,7 % bei Minijobs im gewerblichen Bereich / 13,7 % bei Minijobs in*

154

Privathaushalten). Der volle Pflichtbeitrag ist von mindestens 175 Euro zu berechnen.

[5] Bei Verzicht auf die Besteuerung nach individuellen Lohnsteuermerkmalen (elektronische Lohnsteuerkarte) ist die Pauschsteuer (2 %) an die Minijob-Zentrale abzuführen. Bei Beschäftigungen bei denen kein Pauschalbeitrag zur Rentenversicherung gezahlt wird, beträgt die Pauschalsteuer 20 Prozent und ist an das zuständige Betriebsstättenfinanzamt abzuführen.

[6] Bei Verzicht auf die Besteuerung nach individuellen Lohnsteuermerkmalen (elektronische Lohnsteuerkarte) kann die Lohnsteuer unter bestimmten Voraussetzungen pauschal (25 %) an das zuständige Betriebsstättenfinanzamt abgeführt werden. [7] bei einer Beschäftigungsdauer von mehr als 4 Wochen

[8] weitere Informationen zur Arbeitgeberversicherung

[9] wenn der kommunale Unfallversicherungsträger zuständig ist. In Ausnahmefällen (z.B. bei privater Reittierhaltung) ist der Beitrag an einen anderen Unfallversicherungsträger zu zahlen und wird individuell erhoben.

[10] Der Bund, die Länder, die Gemeinden sowie Körperschaften, Stiftungen und Anstalten des öffentlichen Rechts, über deren Vermögen ein Insolvenzverfahren nicht zulässig ist, und solche juristische Personen des öffentlichen Rechts, bei denen der Bund, ein Land oder eine Gemeinde kraft Gesetzes die Zahlungsfähigkeit sichert, und private Haushalte werden nicht in die Umlage einbezogen.

https://www.minijob-zentrale.de/DE/01_minijobs/02_gewerblich/03_infos_fuer_arbeitgeber_und_entgeltabrechner/02_mit_welchen_abgaben_muss_ich_rechnen/node.html

7.3.2.2   Besteuerung

Der Verdienst Ihres Minijobbers unterliegt der Steuerpflicht, dabei kann die Lohnsteuer pauschal oder nach den üblichen Lohnsteuermerkmalen gezahlt werden.

Der Arbeitgeber wählt die Art der Abrechnung. Er selbst wird zum Steuerschuldner, wenn er sich für die pauschale Besteuerung entscheidet, kann diese jedoch auf den Arbeitnehmer abwälzen. In der persönlichen

Veranlagung des Beschäftigten bleibt das pauschal versteuerte Einkommen unberücksichtigt.

Die Alternative ist die Zahlung der Lohnsteuer nach Maßgabe der Lohnsteuermerkmale, die dem Finanzamt vorliegen, wobei die Höhe von der Steuerklasse abhängt.
Bei 450-Euro-Minijobbern mit den Lohnsteuerklassen I – IV fällt keine Lohnsteuer an, sofern sie daneben keine anderen Einkünfte haben. In diesem Fall kann eine individuelle Besteuerung vorteilhafter sein als eine Pauschalversteuerung.
Bei 450-Euro Minijobbern mit den Lohnsteuerklassen V oder VI ergeben sich bereits bei einem geringen Verdienst Lohnsteuerabzüge.

Nachfolgend werden die maßgeblichen Regelungen dargestellt und erläutert:

Besteuerung des Arbeitsentgelts aus geringfügig entlohnten Minijobs (Minijobs auf 450 Euro Basis)
Neben der Möglichkeit der Erhebung der Lohnsteuer nach den Lohnsteuermerkmalen, die dem zuständigen Finanzamt vorliegen, besteht bei 450-Euro-Minijobs auch die Möglichkeit der pauschalen Lohnsteuererhebung. Das Steuerrecht unterscheidet hier zwischen einer 2-prozentigen einheitlichen Pauschsteuer und einer pauschalen Lohnsteuer von 20 Prozent (zuzüglich Solidaritätszuschlag und Kirchensteuer).

Einheitliche Pauschsteuer von 2 Prozent
Wird die Lohnsteuer nicht nach den Lohnsteuermerkmalen erhoben, die beim zuständigen Finanzamt hinterlegt sind, ist die Lohnsteuer einschließlich Solidaritätszuschlag und Kirchensteuer für einen 450-Euro-Minijob mit einem einheitlichen Pauschsteuersatz von insgesamt 2 Prozent des Arbeitsentgelts zu erheben. Voraussetzung ist allerdings, dass er für diese Beschäftigung Rentenversicherungsbeiträge (Pauschalbeitrag zuzüglich Eigenanteil des Arbeitnehmers bei Rentenversicherungspflicht oder Pauschalbeitrag ohne Eigenanteil des Arbeitnehmers bei Befreiung von der

Rentenversicherungspflicht) zahlt. In dieser einheitlichen Pauschsteuer ist neben der Lohnsteuer auch der Solidaritätszuschlag und die Kirchensteuer enthalten. Der einheitliche Pauschsteuersatz beträgt auch 2 Prozent, wenn der Arbeitnehmer keiner erhebungsberechtigten Religionsgemeinschaft angehört. Die einheitliche Pauschsteuer wird zusammen mit den sonstigen Abgaben für Minijobs ausschließlich an die Minijob-Zentrale gezahlt.

Pauschale Lohnsteuer von 20 Prozent
Hat der Arbeitgeber für das Arbeitsentgelt eines 450-Euro-Minijobs den Beitrag zur gesetzlichen Rentenversicherung von 15 Prozent nicht zu entrichten, kann er die pauschale Lohnsteuer mit einem Steuersatz von 20 Prozent des Arbeitsentgelts erheben. Hinzu kommen der Solidaritätszuschlag und die Kirchensteuer nach dem jeweiligen Landesrecht. Hierbei handelt es sich dem Grunde nach zwar auch um 450-Euro-Minijobs, jedoch müssen diese z. B. wegen Zusammenrechnung mit einer Hauptbeschäftigung versicherungspflichtig bei der zuständigen Krankenkasse gemeldet werden. Die Pauschalsteuer ist - anders als die einheitliche Pauschsteuer - nicht an die Minijob-Zentrale, sondern stets an das Betriebsstättenfinanzamt abzuführen.

Quelle: https://www.minijob-zentrale.de/DE/01_minijobs/02_gewerblich/03_infos_fuer_arbeitg eber_und_entgeltabrechner/07_was_steuerlich_beachten/01_beste uerung_450/node.html

Weiterführende Informationen – auch zum Prozedere der Anmeldung - finden Sie im Internet auf dem Portal der Minijob-Zentrale unter: http://www.minijob-zentrale.de.

Kompakte Zusammenfassung des siebten Schrittes

Betreuung vor Ort	Das Aufgabengebiet der Hausbetreuung setzt sich wie folgt zusammen: Reinigung, Empfang und Verabschiedung der Gäste, Wäschepflege, Kontrollgänge in unbewohnten Zeiten, Telefonische Erreichbarkeit für Probleme vor Ort, kleine Reparaturen während der Saison, Gartenarbeit
	Reinigungslisten, die Sie Ihrer Mitarbeiterin aushändigen, können die Basis für einen einheitlichen Standard schaffen. Es ist ein Instrument, um Missverständnisse und außerdem Ärger mit den Gästen zu vermeiden.
	Wenn sich die Ferienwohnung bei Ihnen in der Nähe befindet, können die Aufgaben anders verteilt werden. Wenn Sie selbst die Gäste empfangen, wird dies die meisten Urlauber sehr freuen – Sie erhalten gleichzeitig wichtiges Feedback aus erster Hand.
	Als Möglichkeit zur Abrechnung stehen die Rechnung und die Beschäftigung als Minijobber auf 450-Euro-Basis zur Verfügung. Die Variante Dienstleistungen auf Rechnung zu beziehen, ist wesentlich unkomplizierter, da die 450-Euro-Jobber melde- und versicherungspflichtig sind. Dies bedeutet für Sie mehr Arbeit und evtl. auch höhere Kosten.

8   Gäste

Im Kapitel der Vermarktung haben Sie bereits viel über Ihre Zielgruppe für Ihr Domizil erfahren. Danach wurde beschrieben, wie Sie Ihre Zielgruppe erreichen und für Ihr Haus begeistern können.

Nun soll etwas genauer geschaut werden, wer Ihre Gäste sind. Einfach formuliert: es sind Ihre Kunden. Sie sind der Verkäufer und die Ware ist die Überlassung eines Domizils zu Ferienwohnzwecken, kombiniert mit möglichen Dienstleistungen wie Reinigung des Hauses und Empfang der Urlauber vor Ort.

Um erfolgreich zu vermieten, ist es wichtig, dass Sie sich über die Erwartungen Ihrer Gäste Gedanken machen. Gehen Sie im ersten Schritt von sich selbst aus. Urlaub soll die schönste Zeit des Jahres sein. Aus vielerlei Gründen ist dies nicht realistisch und funktioniert nicht. Das soll jedoch nicht Thema dieses Buches sein.

Fragen Sie sich:

- o   Was erwarte ich von meinem Urlaub?
- o   Was erwarte ich von den Beschreibungen, die ich über das Domizil lese?

Haben Sie selbst bereits Urlaub in einem Ferienhaus oder in einer Ferienwohnung gemacht?

- o   Was hat Ihnen besonders gut gefallen?
- o   Was hat Ihnen überhaupt nicht gefallen?
- o   Wodurch wurden Sie enttäuscht?
- o   Wodurch wurden Sie positiv überrascht?

Versuchen Sie Ihr Domizil mit den Augen eines Interessenten zu sehen - überprüfen Sie dahingehend auch Ihre Werbemaßnahmen. Bekommen die potenziellen Urlauber einen realistischen Eindruck von Ihrem Haus?

Schaffen Sie etwas Besonderes und geben Sie etwas mehr als Sie unbedingt müssen. Das Feriendomizil ist ein Betrieb, der nach wirtschaftlichen Gesichtspunkten geführt werden sollte, doch viele Extras kosten nicht viel oder sind lange haltbar.

Wenn etwas einmal nicht so perfekt ist oder es sogar einen Mangel gibt, werden die Gäste eher darüber hinwegsehen oder zumindest Geduld für die Beseitigung aufbringen, als wenn alles spartanisch und in minimaler Ausstattung eingerichtet ist.

Um den Erwartungen und den Wünschen Ihrer Gäste gerecht zu werden, können Sie sich Feedback geben lassen. Sie hören sowohl von den Interessenten als auch von den Urlaubern, was ihnen wichtig ist – auf direktem Weg oder über Ihre Agentur. Sie haben die Möglichkeit einen Feedbackbogen zu entwickeln und ins Haus zu legen, damit die Gäste ihn vor der Abreise ausfüllen. Viele Hotels arbeiten mit diesem Instrument.

Lesen Sie die Kritik und überdenken Sie diese. Nicht alles ist wirtschaftlich umsetzbar oder in Ihren Augen sinnvoll. Manchmal sind es kleine Anregungen, die eine große Verbesserung bewirkten.
Wenn Sie viel Begeisterung und positive Reaktionen ernten, werden Sie bestärkt sein, sich auf dem richtigen Weg zu befinden.

Zurück zu den Gästen: Gäste sind alle, die in Ihrem Haus eine Weile wohnen. An dieser Stelle sollen sie etwas genauer angeschaut und in weitere Gruppen unterteilt werden. Es ergeben sich daraus besondere positive und negative Aspekte und Herausforderungen.

- o Wiederkehrer
- o Stammgäste
- o Empfehlungen
- o Freunde und Bekannte
- o Zufriedene Gäste
- o Unzufriedene Gäste

Das heißt im Detail:

8.1   Wiederkehrer

Die Anreise von Wiederkehrern ist immer willkommen. Sie kennen das Domizil und sie mögen es. Es ist für alle Beteiligten entspannt. Auch wenn die meisten Gäste zufrieden sind und sich wohlfühlen, so werden Sie im Laufe der Jahre auch das Gegenteil erleben. Dazu später mehr.

8.2   Stammgäste

Stammgäste sind die Steigerung der Wiederkehrer. Sie sind absolut zufrieden und empfehlen Sie gern weiter. Manche kommen in schlecht gebuchten Zeiten und steigern so regelmäßig Ihre Belegungszahlen. Belohnen Sie ihre Treue mit einem kleinen Obstkorb oder einem Strauß Blumen als zusätzliche Aufmerksamkeit.

8.3   Empfehlungen

Gäste, die auf Empfehlung kommen, kennen in der Regel die Vor- und Nachteile des Domizils aus Beschreibungen und sind entsprechend zufrieden, da sie eine realistische Erwartung haben.

8.4   Familie, Freunde und Bekannte

Das ist ein heikles Thema und ich empfehle Ihnen, früh eine Grundsatzentscheidung zu treffen, wie Sie das Thema Mietzahlungen und Rabatte handhaben wollen.

Ihre Ferienimmobilie ist ein Wirtschaftsbetrieb. Je nachdem wie groß Ihre Familie und Ihr Freundes- und Bekanntenkreis sind und wie attraktiv diese Ihr Domizil finden, können Sie schnell einen vollen Belegungskalender ohne Umsatz haben. Dann wird Ihr Geschäft nicht funktionieren. Das klingt in Ihren Ohren vielleicht hart, aber es ist so. Treffen Sie also früh eine Entscheidung, wen Sie kostenfrei oder sehr preiswert in Ihrer Immobilie wohnen lassen wollen – und zu welchen Zeiten.

Tipp

Ich empfehle Ihnen, dies sehr rigoros und konsequent zu handhaben. Tage oder Wochen, die sich mit hoher Wahrscheinlichkeit vermieten lassen, sollten Umsatz bringen. Das gilt für Freunde und Familie – und auch für Sie selbst. Geben Sie kleine Rabatte an Menschen, die Ihnen sehr, sehr, sehr nahe stehen.

Das Hauptziel muss die Umsatzerzielung sein, sonst funktioniert das Modell nicht!

8.5   Zufriedene Gäste

Die gute Nachricht ist: Die zufriedenen Gäste überwiegen.

Wenn Sie die Regeln dieses Ratgebers umsetzen, werden die meisten Gäste zufrieden oder sogar begeistert sein. Das zu erreichen kann sehr einfach sein:

o   Suchen Sie die Immobilie sorgfältig aus.
o   Richten Sie sie liebevoll und praktisch ein.
o   Schaffen Sie etwas Besonderes, ein Zuhause auf Zeit.
o   Sorgen Sie für angemessenen Komfort.
o   Stellen Sie das Objekt mit Ihren Werbemaßnahmen positiv und realistisch dar.
o   Sorgen Sie für Sauberkeit.
o   Bieten Sie ein faires Preis-Leistungs-Verhältnis.

Dann machen Sie aus zufriedenen Gästen Wiederkehrer oder Stammgäste.

8.6   Unzufriedene Gäste

Leider gibt es auch unzufriedene Gäste. Auch wenn Sie alle Regeln befolgen, es wird trotzdem Urlauber geben, denen es nicht gefällt. Hier werden Variationen der Unzufriedenheit und deren Ursachen behandelt. Sie erhalten außerdem Tipps zur Reklamationsbehandlung.

Bevor die einzelnen Gründe für Beschwerden analysiert werden, und Sie Empfehlungen erhalten, wie Sie am besten darauf reagieren, noch ein paar Worte vorab über die unterschiedlichen Temperamente der Unzufriedenen. Sie werden auf Menschen treffen, die friedlich und freundlich vortragen, dass etwas defekt oder mangelhaft ist. Manche schicken Ihnen auch erst nach der Abreise eine höfliche Mail, ohne etwas zu verlangen. Andere beschweren sich bereits vor Ort mit großer Lautstärke, verlangen einen Teil der Miete zurück oder wollen sogar spontan abreisen.

Erfahrung aus der Praxis
Einige wenige Gäste bleiben bis zum letzten Tag ohne einen Mangel anzuzeigen, äußern sich der Betreuung gegenüber positiv und schreiben trotzdem nach ihrer Rückkehr nach Hause eine lange Mängelliste. Angestachelt von den Medien, dass große Teile des Reisepreises zurück verlangt werden können, versuchen sie genau das. Wenn sie ganz mutig sind, fordern sie noch eine Entschädigung wegen entgangener Urlaubsfreuden.

In den nächsten Abschnitten werden Aspekte zum Thema Reklamation behandelt.

8.6.1   Reklamationsbehandlung

8.6.1.1   Berechtigte Reklamationen

Jede Immobilie hat Schwachpunkte, die Anlass zu Reklamationen geben
können.
Genauso kann es im Laufe der Jahre vorkommen, dass eine Renovierung
überfällig ist. Es kann in der Saison etwas kaputt gehen, was Ihnen nicht
berichtet wird oder Ihre Betreuung reinigt nicht gründlich – bewusst oder
versehentlich.
All dies kann zu Beschwerden führen. Rechtlich gesehen muss Ihnen die
Gelegenheit gegeben werden nachzubessern, das heißt, der Mangel muss
während des Aufenthaltes der Gäste gemeldet werden. Manche Defekte
lassen sich leicht und schnell durch den Austausch eines Gerätes oder die
Dienstleistung eines Handwerkers beseitigen.

Nehmen Sie im ersten Schritt die Reklamation ernst und kümmern Sie sich
zeitnah um eine Lösung. Die meisten Gäste werden ruhig und zufrieden
ihren Urlaub fortsetzen und das Thema ist erledigt.
Sollte es zu einer Reinigungsschwäche gekommen sein, empfehle ich
Ihnen, einen Teil der Reinigungskosten zurückerstatten - je nachdem wie
groß das Ausmaß ist. Meiner Erfahrung nach sind die meisten Gäste
schnell zu besänftigen, sie wollen lediglich ernst genommen werden.
Schon ein kleines Entgegenkommen führt in der Regel zu Zufriedenheit
und ungetrübten Urlaubsfreuden.

Selten kann es zu Beeinträchtigungen kommen, die nicht während des
Urlaubs der Gäste beseitigt werden können, z.B. kann auf dem
Nachbargrundstück gebaut werden und es kommt zu Lärmbelästigung.
Einigen Sie sich bei einer Beschwerde. Bieten Sie eine realistische
Rückzahlung des Mietpreises an. Sie können nach Ihrem Rechts-
empfinden handeln, im Internet recherchieren oder sich im Zweifel durch
einen Rechtsanwalt beraten lassen. Entscheiden Sie im Einzelfall.
Meistens gibt ein Gespräch mit den Gästen Aufschluss über deren
Erwartungen. Sollten diese überzogen sein, fragen Sie ruhig einen
Rechtsbeistand. Im Laufe der Jahre bekommen Sie Erfahrung und können
kleine Anliegen allein regeln.

8.6.1.2   Unberechtigte Reklamationen

Leider kommt es vor, dass Gäste überzogene Erwartungen haben. Obwohl Sie Ihr Domizil mit ausführlichen Beschreibungen und vielen Fotos präsentieren, stellen sich die Gäste etwas Größeres oder Höherwertigeres vor. Sie buchen 40 Quadratmeter für vier Personen und einen Hund für 65 Euro pro Nacht in einem Top-Feriengebiet und wundern sich dann vor Ort, wie klein das ist. Sie haben eine falsche, vielleicht zu sparsame Entscheidung getroffen und machen Sie dafür verantwortlich.
Da können Sie nichts machen.

Rechtstipp
Wichtig ist für diese Fälle, dass Sie Ihr Haus realistisch beworben haben, auch wenn die ‚Schokoladenseite‘ betont wird. Das ist Marketing und legitim.

8.6.1.3   Absurde Reklamationen

Auch diese Fälle gibt es. Urlaub soll für die meisten Menschen die schönste Zeit des Jahres sein und kann eine große Herausforderung werden. Oftmals ist in einem Ferienhaus weniger Platz als zu Hause vorhanden, zumindest gibt es weniger Ablenkung und Fluchtmöglichkeiten.
Bei schlechtem Wetter in Form von tage- oder wochenlangem Dauerregen liegen die Nerven irgendwann blank. Statt sich zu streiten wird die Aggression auf das Ferienhaus projiziert. Wer sucht, der findet.

Zugegeben, diese Ausführungen basieren auf Hobbypsychologie und sind mit einem Augenzwinkern zu verstehen – vielleicht erleben Sie Ähnliches.

Erfahrung aus der Praxis

Eine Kundin berichtete über Beschwerden wegen Lärmbelästigung - verursacht durch einen Hahnenschrei auf
dem Nachbargrundstück. Sie vermuten bereits richtig,
dass es sich um ein Landhaus handelte. Auch haben sich
Gäste bereits über den Gestank eines frisch gedüngten
Feldes beschwert.

Was soll man dazu sagen? Seien Sie kreativ – und ärgern Sie sich nicht!

8.6.2 Rechtliche Fragen und vor Gericht

Leider ist es nicht auszuschließen, dass Sie im Ausnahmefall einen
Rechtsbeistand in Anspruch nehmen müssen. Im ungünstigsten Fall
landet sogar einmal eine Klage auf Ihrem Tisch. Wenn Sie bis dahin schon
einige Erfahrungen gesammelt haben und es Ihnen wenig Mühe macht, im
Internet zu recherchieren, können Sie sich bei einem kleinen Streitwert
selbst vor Gericht vertreten.
Wenn es sich um einen langen Urlaubszeitraum und einen wirklichen
Mangel handelt, der mit einigen Nebenschauplätzen aus allgemeiner
Unzufriedenheit bereichert wurde, suchen Sie sich lieber einen Anwalt.

Neben dem umfangreichen Fachwissen kann er Sie mit Objektivität
unterstützen. Er ist nicht emotional involviert und hat einen kühlen Kopf.
Das hilft enorm weiter, denn im Falle einer Klage, wird auch kräftig
gelogen.
Meist endet so ein Fall mit einem Vergleich, also einem überschaubaren
finanziellen Schaden.

Kompakte Zusammenfassung des achten Schrittes

Ihre Gäste	Machen Sie sich Gedanken, wer Ihre Gäste sind und was sie von einem Aufenthalt in Ihrem Haus erwarten. Gehen Sie im ersten Schritt von Ihren eigenen Anforderungen aus und entwickeln Sie Ihre Vorstellungen im Gespräch mit Interessenten und Gästen weiter.
	Wiederkehrer, Stammgäste und Urlauber, die auf Empfehlung kommen, sind zufriedene Gäste, die Ihr Domizil zu schätzen wissen. Treffen Sie früh eine Grundsatzentscheidung, wie Sie mit Aufenthalten von Familie, Freunden und Bekannten umgehen wollen. Das Ziel dieses Projektes ist es, Umsatz zu machen und die Wirtschaftlichkeit zu verfolgen.
	Mit unzufriedenen Gästen kann es unterschiedliche Herausforderungen geben. Von absurden Reklamationen abgesehen ist empfehlenswert, die Kritik ernst zu nehmen und Mängel nach Möglichkeit zeitnah zu beseitigen.
	Im sehr seltenen Fall, dass Sie sich mit der Klage eines unzufriedenen Gastes auseinander setzen müssen, sollten Sie – je nach Streitwert – erwägen, ob Sie einen Rechtsanwalt zu Rate ziehen.

9   Erhaltung und Wertsteigerung

In diesem Kapitel geht es um Renovierungszyklen und Lebensdauer des Inventars. Insgesamt ist die Nachricht positiv. Die meisten Einrichtungsgegenstände halten lange.
Das Sonderthema Zuschüsse und Fördermittel sowohl für Neubau als auch für energetische Sanierung rundet dieses Kapitel ab.

9.1   Renovierungszyklen

Im Innenbereich ist Schwerpunkt dieses Themas Tapezieren und Streichen. Auch wenn Sie Gäste mit Haustieren und Raucher willkommen heißen, halten Tapeten sechs bis sieben Jahre. Verwenden Sie hochwertige Materialien. Sie lassen sich leichter verarbeiten und sind nachhaltiger. Gleiches gilt für Farben.
Wenn Sie im Außenbereich Holz oder glatte zu streichende Fassaden haben, werden Sie – auch bei salziger Luft in Küstennähe – mit einem Renovierungszyklus von sechs Jahren auskommen.

Wenn Sie handwerklich geschickt sind und Spaß daran haben, Ihr Haus selbst zu erhalten und zu verschonern, empfehle ich Ihnen selbst zu renovieren. Das Geld bleibt bei Ihnen. Selbst, wenn Sie pro Stunde mehr verdienen können, als Sie ein Maler kostet – es ist eine andere Art der Arbeit und Befriedigung.

Tipp
Probieren Sie es aus!
Es kann Spaß machen, wenn Sie erst einmal Erfahrungen gesammelt haben und es Ihnen leichter von der Hand geht – oder sind Sie schon jetzt ein Renovierungsprofi?

Die Alternative ist der Auftrag an einen Maler.

9.2 Lebensdauer des Inventars

Setzen Sie auf eine mittlere Qualität bei Möbeln, technischen Geräten, Koch- und Essgeschirr. Ein Augenmerk sollte stets darauf liegen, wie robust die Einrichtungsgegenstände sind. Das bedeutet Kompromisse. Sie werden sich für Produkte entscheiden, die Sie nicht kaufen würden, wenn Sie das Haus zum Eigengebrauch einrichteten.

Kaufen Sie pflegeleichtes Inventar, dann werden Sie eine relativ lange Lebensdauer der Gegenstände und somit eine gute Rendite haben.

Weitere Erläuterungen zum Thema Einrichtung finden Sie in Kapitel 4.

9.3 Zuschüsse und Fördermittel

Zurzeit lohnt sich energiebewusstes Bauen in doppelter Hinsicht. Die Bauzinsen sind niedrig, so kann sowohl die Entscheidung für einen Neubau als auch für die Sanierung eines Altbaus interessant sein. Und es kommt noch besser: Der Staat unterstützt viele Projekte über Zuschüsse und Fördermittel.

Empfehlenswert ist, sich bereits vor der konkreten Planung über Fördermittel zu informierten. Neben Programmen des Bundes existieren ebenfalls regionale Möglichkeiten. Auch gibt es Unterschiede für selbst bewohnten und als Ferienimmobilie genutzten Wohnraum. Informieren Sie sich unter www.foerderdata.de.

Die staatliche Förderbank KfW bietet attraktive Darlehen sowohl für energieeffiziente Neubauten als auch für die Komplettsanierung von Altbauten. Auch für Einzelmaßnahmen wie z.B. den Austausch von Nachtspeicheröfen gegen ein modernes, energiebewusstes Heizsystem werden Budgets zur Verfügung gestellt. Es kann wichtig sein, Fristen einzuhalten. Weiterführende Informationen finden Sie unter www.KfW.de.

Das Bundesamt für Wirtschaft und Ausfuhrkontrolle Bafa vergibt Zuschüsse für Energieprojekte wie Solaranlagen, Holzpellet-Öfen und Wärmepumpen. Die Internetadresse für weitere Details lautet www.bafa.de.

Tipp
Die Recherche über in Frage kommende Zuschüsse und
Fördermittel kann eine zeitraubende Beschäftigung sein.
Es ist sinnvoll, sich von einem Energieberater unterstützen
zu lassen.

Kompakte Zusammenfassung des neunten Schrittes

Erhaltung und Wertsteigerung	
	Die Renovierungszyklen liegen sowohl im Innen- als auch im Außenbereich bei sechs bis sieben Jahren.
	Wenn Sie bei Möbeln und technischem Inventar auf eine mittlere Qualität setzen, werden Sie eine lange Lebensdauer und gute Rendite erhalten.
	Es existieren zahlreiche Zuschüsse und Förderprogramme, insbesondere für energetische Sanierung von Altbauten und energieeffiziente Neubauten. Recherchieren Sie selbst oder lassen Sie sich von einem Energieberater unterstützen.

10   Versicherungen

Keine Frage, einige Versicherungen sind bei diesem Projekt notwendig. Grundsätzlich lohnt es sich mehrere Angebote einzuholen und die Preise und Konditionen zu vergleichen. Geben Sie auf jeden Fall an, dass es sich um ein vermietetes Ferienhaus handelt, da manche Versicherer solche Objekte nicht oder nur zu speziellen Bedingungen unter Vertrag nehmen. Grund dafür ist, dass Ihr Haus nicht das ganze Jahr durchgehend bewohnt ist. Darin kann ein größeres Risiko gesehen werden, da Einbrüche leichter möglich sind und Schäden unter Umständen später entdeckt werden. Im Folgenden sind einige empfehlenswerte Versicherungen aufgeführt.

10.1   Gebäudeversicherung

Die Gebäudeversicherung deckt Schäden am Gebäude durch folgende Risiken ab. Hier handelt es sich um eine exemplarische Auswahl:

- o   Feuer: Schäden durch Brand, Blitzschlag, Explosion, Implosion, Überspannung durch Blitzschlag, Nutzwärme und den Absturz von Flugzeugen
- o   Leitungswasserschaden: z.B. Schäden durch Frost und Wasser aus Wasch- und Spülmaschinen, Aquarien und Wasserbetten
- o   Sturmschaden ab Windstärke acht und Hagelschaden
- o   Optional Schäden durch Überschwemmung und Starkregen, Erdrutsch, Schneedruck und Lawinen oder auch Schäden durch Erdbeben
- o   Neu bei vielen Versicherern: Wahlweise Allgefahrendeckung für Anlagen zur Gewinnung erneuerbarer Energien (Solar, Photovoltaik, Wärmepumpe, Erdwärme)

Den Schutz können Sie in variablem Umfang abschließen. Es stehen Policen mit Basis- oder Komfortschutz zur Wahl.

Tipp
Bei der Gebäudeversicherung macht es Sinn, sich für einen lokalen Anbieter zu entscheiden, der im Falle eines Falles schnell vor Ort ist und Sie bei der Schadensanzeige und der Abwicklung unterstützt.

Dies kann eine große Erleichterung sein, denn die Wiederherstellung des Schadens benötigt Zeit, Kraft und Nerven. Ein reibungsloser Ablauf ist Voraussetzung, damit Sie schnell wieder vermieten können.

Die Prämie ist abhängig von der Hausgröße und dem -alter. Auch die Bedachung kann Einfluss darauf haben. Wenn Sie z.B. ein reetgedecktes Haus erwerben, ist die Prämie höher.

10.2 Inhaltsversicherung

Die Inhaltsversicherung entspricht der Hausratversicherung in einer selbst bewohnten Immobilie. Bei einem Schaden wird nicht nur der Wert der Dinge erstattet, sondern auch die Reparaturkosten. Je nach Versicherer können hier verschiedene Klauseln mit eingebaut werden, wie z.B. Feuerlöschkosten, Wiederherstellung usw.
Grundsätzlich sind Gefahren wie Feuer, Einbruchdiebstahl, Vandalismus, Raub, Leitungswasserschäden sowie Sturm und Hagel versichert. Je nach Region ist zudem ein erweiterter Versicherungsschutz sinnvoll, der auch Elementarschäden (Überschwemmung, Erdrutsch, Schneedruck etc.) abdeckt.

10.3   Versicherung bei Betriebsunterbrechung

Diese Versicherung kommt für Ihre Mietausfälle im Schadensfall auf. Sie ist sinnvoll, da die Prämie nicht hoch ist, der Nutzen aber enorm sein kann, wenn Sie bei einem großen Schaden über Wochen nicht vermieten können – schlimmstenfalls in der Hauptsaison. Auch besteht das Risiko, dass Sie bereits erhaltene Mietzahlungen wegen Unbewohnbarkeit des Hauses zurückzahlen müssen.

Achten Sie auf die Bedingungen des Vertrages. Oftmals wird nicht die Bruttomiete erstattet, sondern Abschläge für Umsatzsteuer und Energiekosten vorgenommen.

10.4   Haftpflicht

Sowohl Ihre Gäste als auch Ihre Betreuung sind hierüber versichert, wenn sie durch das Haus oder auf dem Grundstück einen Schaden erleiden. Passanten, die auf dem Grundstück und dem dazugehörigen Gehweg davor - beispielsweise bei Schneewetter ausrutschen - sind versichert. Eine preiswerte Versicherung, die selten in Anspruch genommen werden muss, im Falle eines Schadens aber unverzichtbar ist.

In der Regel genügt eine Haus- und Grundbesitzerhaftpflicht (G+H), die Sie auch im Falle fester Vermietung abschließen würden. Der Schutz durch die Vermietungshaftpflicht ist noch umfangreicher als die der Haus- und Grundbesitzerhaftpflicht. Fragen Sie bei Ihrem Versicherer nach, inwieweit die Schäden Ihrer Gäste und Mitarbeiter versichert sind, die durch das Inventar der Ferienimmobilie verursacht werden. So kann ein Stuhl zusammenbrechen oder ein Wasserkocher plötzlich einen Stromschlag bewirken – meist durch die G+H abgedeckt. Wenn Sie eine Schaukel im Garten haben oder auch Fahrräder vermieten, sind Sie möglicherweise durch eine Vermietungshaftpflicht besser versichert. Holen Sie sich mehrere Angebote der lokalen Anbieter ein und lassen Sie sich beraten!

Empfehlenswert ist eine Deckungssumme von drei Mio. Euro je Versicherungsfall für Personen- und Sachschäden, zusätzlich 250.000,- Euro für mitversicherte Vermögensschäden.

Manche Versicherer bieten Deckungssummen von fünf Mio. Euro an.

10.5   Rechtsschutz

Im letzten Kapitel haben Sie erfahren, dass unzufriedene Gäste Sie vor Gericht bringen können. Da stellt sich die Frage, ob sich so eine Versicherung lohnt.
Die Angebote, die ich erhalten habe, waren unverhältnismäßig teuer, da ein Ferienhaus als Gewerbe eingestuft wird und die Prämie damit viel höher ist. Da diese Fälle sehr, sehr selten sind, ist es fraglich, ob sich diese Versicherung lohnt. Entscheiden Sie selbst!

Kompakte Zusammenfassung des zehnten Schrittes

Versicherungen	Versicherungen wie Gebäude, Inhalt, Betriebsunterbrechung und Haus- und Grundbesitzer- oder Vermietungs- haftpflicht sollten Sie abschließen. Vergleichen Sie die Angebote mehrerer Anbieter. Oftmals macht es Sinn, sich für einen lokalen Versicherer zu entscheiden, da die Abwicklung im Schadensfall unkomplizierter ist.
	Geben Sie an, dass es sich um ein vermietetes Ferienhaus handelt. Dadurch, dass das Haus phasenweise leer steht, wird das Risiko von einigen Versicherern höher bewertet.
	Eine Rechtschutzversicherung wird sehr selten benötigt und ist damit im Zweifel nicht rentabel.

11   Steuern sparen

Das Thema Steuerersparnis ist ein zentrales Anliegen in dem Projekt Vermietung von Ferienimmobilien. Grundsätzlich können Sie fast alles steuerlich geltend machen. Voraussetzung ist, dass Sie die Belege sammeln. Gewöhnen Sie sich an, für alle Anschaffungen die Quittung mitzunehmen. Es lohnt sich, die Kassenzettel von kleinen Beträgen zu sammeln, denn es sind viele kleine Summen, die über das Jahr eine anständige Steuerersparnis ergeben.
Entscheidend für die Abzugsfähigkeit der Werbungskosten ist für das Finanzamt die Gewinnerzielungsabsicht, d.h. aus einer Ertragsprognose muss hervorgehen, dass innerhalb von 30 Jahren Mietüberschüsse erwirtschaftet werden.

Die Werbungskosten werden anerkannt, wenn Ihre Vermietungsdauer die Ortsübliche nicht um mehr als 25% unterschreitet. Als weiterer Aspekt soll die Selbstnutzung ausgeschlossen oder zeitlich begrenzt sein. Das ist sie per se, wenn Sie ein berufstätiger Mensch sind und so viel wie möglich vermieten wollen. Außerdem benötigen Sie Zeit vor Ort, um zu renovieren und zu kontrollieren, ob alles in Ordnung ist.
Wenn Sie mehrere Wohneinheiten vermieten, sinkt das Risiko, dass das Finanzamt Ihr Feriendomizil als Liebhaberei einstuft.
Die umfassende Werbung wie in Kapitel 5 beschrieben, unterstreicht die Gewinnerzielungsabsicht.

Bevor exemplarisch eine Steuererklärung nachvollzogen wird, sollen noch zwei Sonderfälle angesprochen werden.

11.1   Immobilien unter Denkmalschutz

Denkmalschutz-Immobilien sind gefragt, da sie große Steuerersparnisse zur Folge haben können. Es gibt jedoch Voraussetzungen, die unbedingt gegeben sein sollten – außerdem sind besondere Regeln und Risiken zu beachten.
Der steuerliche Anreiz ist, dass bis zu 100% der Ausgaben abzugsfähig sind. Wenn Sie Ihre denkmalgeschützte Immobilie selbst bewohnen,

können Sie über zehn Jahre insgesamt 90% der Sanierungskosten bei der Einkommensteuer geltend machen. (Zehn Jahre jeweils 9%). Wenn Sie das Haus als Kapitalanlage nutzen, liegt die Steuerersparnis sogar bei 100% - abgeschrieben über zwölf Jahre. (Acht Jahre lang je 9% und danach vier Jahre lang 7%). Weitere Infos dazu auch unter:

> *Quelle: https://www.vlh.de/wohnen-*
> *vermieten/eigentum/denkmalschutz-steuervorteil-dank-*
> *abschreibung.html*

Doch Vorsicht!
Es gibt neben der baurechtlichen Genehmigung Anträge, Richtlinien und Fristen, die unbedingt eingehalten werden müssen, sonst ist die Abschreibung nicht möglich. Dazu gehört zum Beispiel der Antrag auf die steuerliche Bescheinigung, der unbedingt vor (!!) Sanierungsbeginn gestellt werden muss.

Informieren Sie sich außerdem, was zum ‚Geschützten und Schützenswerten' gehört. Lediglich dies wird auch gefördert. Nicht dazu gehören Anbauten und Veränderungen im Garten. Gleiches gilt für den Einbau moderner Elemente, wie z.B. Fenster aus Kunststoff.

Mit zu großen Baumaßnahmen wie Änderungen an der Fassade oder Entkernung im Innenbereich kann der Denkmalschutz sogar erlöschen. Elemente, die den Schutz ausmachen, müssen in jedem Fall erhalten bleiben, damit Sie die umfassenden Steuervorteile geltend machen können.
Die Sanierungskosten sind sehr schwierig kalkulierbar, da es sich in der Regel um alte Bausubstanz handelt. Liquidität ist eine Grundvoraussetzung, da der Steuervorteil erst mit einem großen Zeitverzug realisiert wird.
Weitere Informationen gibt die Deutsche Stiftung für Denkmalschutz unter www.denkmalschutz.de.

11.2   Voraussetzungen für Umsatzsteuerpflicht

Wenn Sie in Deutschland mit Ihrer Haupttätigkeit bereits der Umsatzsteuerpflicht unterliegen, gilt diese nach § 4 Nr. 12 II UStG (Umsatzsteuergesetz) auch für Ihre Ferienimmobilie. Zu dem Mietpreis kommen 7% Umsatzsteuer, die an das Finanzamt abgeführt werden müssen. (§12 II Nr. 11 UStG) Im Gegenzuge können Sie sich die Vorsteuer auf alle Aufwendungen für Ihre Ferienimmobilie ziehen, die in der Regel 19% beträgt. Die gilt für Handwerkerdienstleistungen ebenso wie für Energie und Einrichtung.
Es gilt abzuwägen, ob die 7% komplett auf den Nettomietpreis aufgeschlagen werden können und sollten. Dies können Sie im Einzelfall nach Recherche der marktüblichen Preise entscheiden.

Wenn Ihre gesamten gewerblichen Einnahmen unter 17.500,- Euro im Jahr betragen, können Sie die Kleinunternehmerregelung in Anspruch nehmen und sich von der Umsatzsteuerpflicht befreien lassen.

Die gleiche Umsatzgrenze gilt, wenn Sie in ein Doppel- oder Mehrfamilienhaus investieren. Liegt Ihr Umsatz für alle Wohneinheiten zusammen unter 17.500,- Euro pro Jahr, können Sie sich von der Umsatzsteuerpflicht befreien lassen. Andernfalls müssen Sie auf die Miete 7% aufschlagen und können sich im Gegenzuge die Vorsteuer auf alle Aufwendungen ziehen. Wenn Sie eine ältere Immobilie erwerben, in die Sie noch viel investieren wollen, kann dies vorteilhaft sein, immer wieder die Vorsteuer in Höhe von 19% zu ziehen.

Zurück zu Ihrer Steuererklärung

Im Folgenden werden die Kosten - die steuerlich geltend gemacht werden können - im Einzelnen betrachtet. Sie werden in die Lage versetzt die Steuererklärung für Ihr Feriendomizil selbst zu machen. Es macht Sinn diesen Abschnitt zu studieren, auch wenn Sie diese Tätigkeit Ihrem Steuerberater überlassen. Sie sammeln die Belege, die Sie dann weitergeben – also sollten Sie wissen, welche Quittungen Sie aufheben sollten.

Wenn Sie es selbst machen wollen, füllen Sie bei Ihrer Einkommensteuererklärung in Deutschland die Anlage V Einkünfte für Vermietung und Verpachtung aus. In Österreich nutzen Sie die Beilage zur Einkommensteuererklärung E 1 für Einkünfte aus Vermietung und Verpachtung von Grundstücken und Gebäuden, in der Schweiz die Aufstellung zum Liegenschaftenverzeichnis.

Um die notwendigen Angaben – Einnahmen und Ausgaben – zusammenzustellen, legen Sie sich am besten eine Excel-Arbeitsmappe mit mehreren Tabellen an, die der Gruppierung der Ausgaben für die Steuererklärung entspricht. Diese Übersicht der Einnahmen und Ausgaben - Ihr Controlling - zeigt den wirtschaftlichen Erfolg des Projektes. Gleichzeitig sind Sie für Ihre Steuererklärung gerüstet.
Die Excel-Tabelle führen Sie über die Jahre fort und haben damit eine Übersicht, wie sich die Einnahmen und Ausgaben Ihrer Immobilie entwickeln.
Alternativ können Sie ein Buchhaltungsprogramm nutzen und die einzelnen Summen aus den Kontoblättern zusammenstellen. Insbesondere, wenn Sie umsatzsteuerpflichtig sind, ist diese Variante komfortabler, da die Steuer – auch für die Voranmeldung – automatisch berechnet wird.

11.3   Das Formular in Deutschland

Im Formularcenter der Website www.formulare-bfinv.de des Bundesministeriums für Finanzen finden Sie unter der Rubrik *Formulare A-Z* im Bereich *Einkommensteuer 201x* die *Anlage V Einkünfte für Vermietung und Verpachtung* – in diesem Beispiel für das Jahr 2016.

Werfen Sie zu Beginn einen Blick auf das Formular und schauen sich die einzelnen Positionen an, die Sie ausfüllen müssen, um Ihre Steuererklärung abzugeben. Im Anschluss werden für das Beispiel-Ferienhaus aus Kapitel 2 mehrere Excel-Tabellen für die Einnahme-Überschuss-Rechnung erstellt und das Steuerformular ausgefüllt.

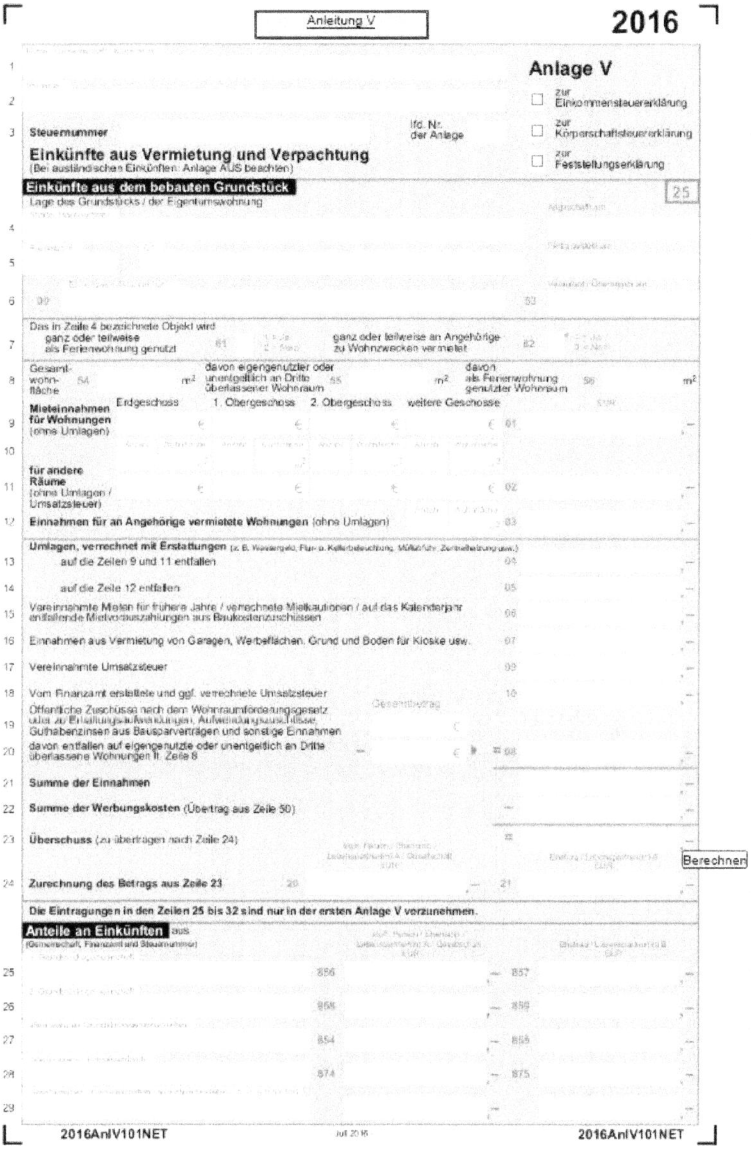
Anleitung V

2016

Anlage V

zur Einkommensteuererklärung
zur Körperschaftsteuererklärung
zur Feststellungserklärung

Steuernummer
lfd. Nr. der Anlage

Einkünfte aus Vermietung und Verpachtung
(Bei ausländischen Einkünften: Anlage AUS beachten)

Einkünfte aus dem bebauten Grundstück 25
Lage des Grundstücks / der Eigentumswohnung

Das in Zeile 4 bezeichnete Objekt wird ganz oder teilweise als Ferienwohnung genutzt 81 | ganz oder teilweise an Angehörige zu Wohnzwecken vermietet 82

Gesamtwohnfläche 54 m² | davon eigengenutzter oder unentgeltlich an Dritte überlassener Wohnraum 55 m² | davon als Ferienwohnung genutzter Wohnraum 56 m²

Mieteinnahmen für Wohnungen (ohne Umlagen) — Erdgeschoss, 1. Obergeschoss, 2. Obergeschoss, weitere Geschosse — € 01

für andere Räume (ohne Umlagen / Umsatzsteuer) € 02

Einnahmen für an Angehörige vermietete Wohnungen (ohne Umlagen) 03

Umlagen, verrechnet mit Erstattungen (z. B. Wassergeld, Flur- u. Kellerbeleuchtung, Müllabfuhr, Zentralheizung usw.)
auf die Zeilen 9 und 11 entfallen 04
auf die Zeile 12 entfallen 05

Vereinnahmte Mieten für frühere Jahre / verrechnete Mietkautionen / auf das Kalenderjahr entfallende Mietvorauszahlungen aus Baukostenzuschüssen 06

Einnahmen aus Vermietung von Garagen, Werbeflächen, Grund und Boden für Kioske usw. 07

Vereinnahmte Umsatzsteuer 09

Vom Finanzamt erstattete und ggf. verrechnete Umsatzsteuer 10

Öffentliche Zuschüsse nach dem Wohnraumförderungsgesetz oder zu Erhaltungsaufwendungen, Aufwendungszuschüsse, Guthabenzinsen aus Bausparverträgen und sonstige Einnahmen — Gesamtbetrag €

davon entfallen auf eigengenutzte oder unentgeltlich an Dritte überlassene Wohnungen lt. Zeile 8 — € = 08

Summe der Einnahmen

Summe der Werbungskosten (Übertrag aus Zeile 50)

Überschuss (zu übertragen nach Zeile 24)

Berechnen

Zurechnung des Betrags aus Zeile 23 20 21

Die Eintragungen in den Zeilen 25 bis 32 sind nur in der ersten Anlage V vorzunehmen.

Anteile an Einkünften aus
(Gemeinschaft, Finanzamt und Steuernummer)

856 857
858 859
854 855
874 875

2016AnlV101NET Juli 2016 2016AnlV101NET

Abbildung 17: Seite 1 der Anlage V in Deutschland

Steuernummer, ifd. Nr. der Anlage				

Andere Einkünfte

31	Einkünfte aus Untervermietung von gemieteten Räumen (Berechnung lt. gesonderter Aufstellung)		886		– 887	
32	Einkünfte aus Vermietung und Verpachtung unbebauter Grundstücke, von anderem unbeweglichen Vermögen, von Sachinbegriffen sowie aus Überlassung von Rechten (lt. gesonderter Aufstellung)		882		– 883	

Werbungskosten

Werbungskosten aus dem bebauten Grundstück in den Zeilen 4 und 5	Nur ausfüllen, wenn die Aufwendungen für das Gebäude nur teilweise Werbungskosten sind (siehe Anleitung zu den Zeilen 33 bis 49)			Abzugsfähige Werbungskosten
	Gesamtbetrag EUR 1	Ausgaben, die nicht mit Vermietungseinkünften zusammenhängen, werden bzw. dürfen berücksichtigt ermittelt 2 3		EUR 4

Absetzung für Abnutzung für Gebäude (ohne Beträge in Zeile 34)

33	☐ linear ☐ degressiv ___ % ☐ ☐			☐	30	
34	Erhöhte Absetzungen nach den §§ 7h, 7i EStG, Schutzbaugesetz ☐ ☐			☐	31	
35	Absetzung für Abnutzung für bewegliche Wirtschaftsgüter ☐ ☐			☐	60	
36				☐	32	
37				☐	34	
38				☐	35	
39	2016 voll abzuziehende Erhaltungsaufwendungen, die direkt zugeordnet werden können			✗	36	
40	verhältnismäßig zugeordnet werden				37	
41	Auf bis zu 5 Jahre zu verteilende Erhaltungsaufwendungen (§§ 11a, 11b EStG, § 82b EStDV) Gesamtaufwand 2016 ___ davon 2016 abzuziehen			☐	38	
42	zu berücksichtigender Anteil aus 2012			☐	39	
43	aus 2013			☐	40	
44	aus 2014			☐	41	
45	aus 2015			☐	42	
46				☐	52	
47				☐	48	
48	Nur bei umsatzsteuerpflichtiger Vermietung: an das Finanzamt gezahlte und ggf. verrechnete Umsatzsteuer			✗	55	
49				☐	49	
50	**Summe der Werbungskosten** (zu übertragen nach Zeile 22)					
51	Nur bei umsatzsteuerpflichtiger Vermietung: in Zeile 50 enthaltene Vorsteuerbeträge				50	

Zusätzliche Angaben

52	2016 vereinnahmte oder bewilligte Zuschüsse aus öffentlichen Mitteln zu den Anschaffungs- / Herstellungskosten (lt. gesonderter Aufstellung)		€	€

Abbildung 18: Die Seite 2 der Anlage V in Deutschland

Bevor die Excel-Arbeitsmappe aufgebaut und das Formular ausgefüllt wird, werden die einzelnen Positionen im Detail analysiert:

- Zeilen 1 – 3

Angaben zu Ihrer Person: Name und Steuernummer

Laufende Nummer der Anlage V, pro Ferienhaus benötigen Sie ein Formular. Zwei oder drei Wohneinheiten unter einer Adresse sind ein Haus, eine Anlage V

- Zeilen 4 – 6

Adresse des Ferienhauses

Einheitswert-Aktenzeichen: Das Grundsteuergesetz sieht die Erhebung von zwei Arten von Grundsteuern vor. Grundsteuer A erfasst den Grundbesitz in der Land- und Forstwirtschaft. Die Grundsteuer B kommt für alle anderen Grundstücke zur Anwendung, also für Ihr Feriendomizil. Sie erhalten einmal pro Jahr einen Grundsteuerbescheid, der neben der Steuernummer das Einheitswert-Aktenzeichen enthält.

- Zeile 7

Eine ‚1' wird in das Feld 61 eingetragen: ganz oder teilweise als Ferienwohnung genutzt

- Zeile 8

Tragen Sie die Gesamtwohnfläche und die als Ferienwohnung genutzte Fläche ein

- Zeile 9

Wenn Sie einzelne Wohnungen in unterschiedlichen Etagen haben, können Sie die Mieteinnahmen nach den einzelnen Objekten aufschlüsseln. Notwendig ist es nicht. Sie können in der Anlage V die Mieteinnahmen komplett für das gesamte Haus angeben (Feld 01). Eine Aufschlüsselung ist in der Einnahme-Rechnung einzusehen.

- Zeile 21 Summe der Einnahmen

Übertrag aus Zeile 9 – wenn Sie die Anlage online ausfüllen, geschieht diese Berechnung automatisch

- Zeile 22 Summe der Werbungskosten

Das sind alle Kosten, die Sie aus der Vermietung Ihrer Ferienimmobilie steuerlich geltend machen können. Sie werden auf der zweiten Seite in verschiedenen Gruppen ausgewiesen und auf die erste Seite übertragen – online wieder automatisch.

↓ Zeile 23 Überschuss bzw. Verlust aus Ihrer Vermietung

Für eine Steuerersparnis benötigen Sie einen Verlust. Da die Abschreibung in die Werbungskosten einfließt, ist es möglich, einen Verlust auszuweisen, obwohl Sie Ihre Kosten gedeckt und sogar einen kleinen Gewinn gemacht haben. Dazu werden Sie in Kürze ausführliche Berechnungen lesen und nachvollziehen können.

Der große Bereich der Werbungskosten:

↓ Zeile 33 Absetzung für Abnutzung für Gebäude

Tragen Sie die Abschreibung bzw. die Absetzung für Abnutzung an dem Gebäude ein. Diese muss für Ihre erste Steuererklärung einmal berechnet werden. Wichtig dabei ist, dass die Kosten für das Grundstück abgezogen werden. Abschreiben können Sie lediglich das Haus - das Grundstück nutzt sich nicht ab, sondern steigt in der Regel im Wert.

Tipp

Zum Tatbestand der generellen Wertsteigerungen der Grundstücke kann es Ausnahmen geben. Informieren Sie sich vor dem Kauf über geplante Baumaßnahmen von z.B. Autobahnen oder Schnellstraßen, die zu Lärm und damit Wertverlust führen können.

Meist ist im Kaufvertrag ein Gesamtbetrag für Haus und Boden eingetragen. Der Wert des Grundstücks kann dabei an Hand von Bodenrichtwertkarten ermittelt werden. Informationen zu den Bodenrichtwerten geben die Bewertungsstellen des Finanzamts. Maklerprovisionen und Notargebühren werden dem Gebäude und dem Grundstück zugerechnet – im gleichen Verhältnis wie sich der Kaufpreis auf Gebäude und Grundstück verteilt.

Wie Sie in dem Formular sehen, können Gebäude linear oder degressiv abgeschrieben werden. Dazu gibt es folgendes zu beachten:

Grundsätzlich können alle Gebäude linear abgeschrieben werden. Das heißt, dass der Abschreibungsbetrag in jedem Jahr gleich hoch ist.

Die degressive Abschreibung kann nur bei selbst hergestellten Gebäuden oder bei solchen, die im Jahr der Fertigstellung erworben werden, zur Anwendung kommen. Voraussetzung ist, dass der Bauantrag vor bestimmten Zeitpunkten gestellt wurde. Bei dieser Abschreibung sind die Beträge in den ersten Jahren wesentlich größer. Dies ist nachteilig, wenn Sie mittels Annuitätendarlehen finanzieren. Wie Sie bereits aus Kapitel 3 wissen, bedeutet dies steuerlich einen Nachteil, da Sie die Zinsen geltend machen können, die Tilgung jedoch wie eine Privatausgabe behandelt wird.

Sie haben in den ersten Jahren hohe Zinsen und niedrige Tilgungsbeträge. Im Laufe der Jahre kehrt sich dieses Verhältnis um, die Steuerersparnis wird kleiner. Wenn Sie degressiv abschreiben, haben Sie die größte Steuerersparnis ebenfalls zu Beginn der Laufzeit, später wird sie stetig kleiner.

Ein weiterer Aspekt ist die Einrichtung des Hauses. Ein Teil der Kosten wird steuerlich über die ersten fünf Jahre verteilt. Der Aufwand ist also auch zu Beginn am größten. In Frage kommt die degressive Abschreibung, wenn Sie jetzt schon wissen, dass Sie das Haus kurz nach Ablauf der 10 Jahre - nach denen die Steuerfreiheit wirksam wird – wieder verkaufen werden. Das ist jedoch sehr unwahrscheinlich.

Empfehlenswert ist die lineare Abschreibung Ihres Gebäudes. Die Höhe richtet sich nach dem Baujahr des Hauses und ist in § 7 Absatz 4 Einkommensteuergesetz EStG geregelt:

Bei Gebäuden
- o für die der Bauantrag nach dem 31. März 1985 gestellt worden ist, beträgt die Abschreibung jährlich 3 Prozent
- o die nach dem 31. Dezember 1924 fertig gestellt worden sind jährlich 2 Prozent und
- o die vor dem 1. Januar 1925 fertig gestellt worden sind, jährlich 2,5 Prozent der Anschaffungs- und Herstellungskosten, also Kaufpreis und mögliche Sanierungskosten.

Der Gesetzgeber hat folgende Ausnahme formuliert: „Beträgt die tatsächliche Nutzungsdauer eines Gebäudes weniger als 33, 50 oder 40

Jahre, so können - anstelle der angegebenen Abschreibungen - die der tatsächlichen Nutzungsdauer entsprechenden Abschreibungen vorgenommen werden."
Schwierig ist es, diesen Nachweis zu führen.

Wem das zu mathematisch und theoretisch klingt, keine Sorge - mit dem Beispiel im Verlauf dieses Kapitel werden Sie erkennen, dass es eine einfache Rechnung ist, die Sie lediglich einmal durchzuführen brauchen.

↓ Zeile 35 Absetzung für Abnutzung für bewegliche Wirtschaftsgüter
Zu diesem Punkt ist ein betriebswirtschaftlicher Exkurs notwendig. Es geht um bewegliche Gegenstände, die nicht unter die ,Geringwertigkeit' fallen. Geringwertige Wirtschaftsgüter sind wie folgt definiert:

Als Geringwertige Wirtschaftsgüter GWG gelten Gegenstände des Anlagevermögens (Ihrer Einrichtung), die beweglich, abnutzbar und selbstständig nutzbar sind. Gegenstände, die diese Voraussetzungen erfüllen, dürfen als GWG abgeschrieben werden.
Beispiel: Ein Stuhl ist selbstständig nutzbar und daher ein GWG. Ein Teil einer Einbauküche ist nicht selbstständig nutzbar und fällt damit nicht unter die GWG.

GWG-Grenzen
Die Wertgrenzen für geringwertige Wirtschaftsgüter können sich ändern. 2017 gelten folgende GWG-Grenzen bei Anschaffungskosten bis:
   o   150 bis 410 Euro bei Sofortabschreibung
   o   150 bis 1.000 Euro bei Sammelabschreibung (Pool-Abschreibung)
Über die GWG-Grenzen informiert des Weiteren das Internet, Ihr zuständiges Finanzamt oder Ihr Steuerberater.

Nachfolgende Übersicht zeigt die Möglichkeiten der Abschreibung, die ein Unternehmen - und Ihr Ferienhaus ist ein Unternehmen - hat:
   o   bis 150 Euro: Sofortige Betriebsausgabe (keine Aufzeichnungspflicht im gesonderten Verzeichnis) oder

Abschreibung (§ 7 EstG) über die Nutzungsdauer gemäß AfA-Tabelle
- o 150,01 bis 410 Euro Sofortabschreibung (§ 6 Abs. 2 EStG) oder Sammelabschreibung (Pool-Abschreibung) gemäß § 6 Abs. 2a EStG) oder Abschreibung (§ 7 EstG) über die Nutzungsdauer gemäß AfA-Tabelle (mit Aufzeichnungspflicht im gesonderten Verzeichnis)
- o 150,01 bis 1.000 Euro Sammelabschreibung (Pool-Abschreibung, Aufzeichnungspflicht im gesonderten Verzeichnis) oder Abschreibung (§ 7 EstG) über die Nutzungsdauer gemäß AfA-Tabelle (mit Aufzeichnungspflicht im gesonderten Verzeichnis)
- o ab 1000,01 Euro Abschreibung (§ 7 EstG) über die Nutzungsdauer gemäß AfA-Tabelle, in der Regel 5 Jahre

Das klingt kompliziert, ist es aber nicht!

Sie können wie folgt vorgehen:
- Beträge bis 150 Euro können Sie direkt in den Erhaltungsaufwand als Betriebsausgabe (Zeile 39) oder den gesamten Betrag als Sofortabschreibung, d.h. den gesamten Betrag sofort im Jahr der Anschaffung in Zeile 35 eintragen
- Beträge von 150 bis 410 Euro können Sie sofort in einem Betrag absetzen oder in einer Sammel- oder Poolabschreibung über die Nutzungsdauer oder über fünf Jahre abschreiben. Dafür legen Sie in jedem Jahr ein Verzeichnis aller abzuschreibenden Wirtschaftsgüter an, deren Summe Sie für das entsprechende Jahr in Zeile 35 eintragen. Dieses Verzeichnis ist dann in den folgenden Jahren zu berücksichtigen.
Vorteilhaft ist die Abschreibung über mehrere Jahre, wenn Sie bereits sehr hohe Ausgaben – z.B. durch eine außerordentliche Reparatur an der Heizanlage oder am Dach – und/oder niedrige Mieteinnahmen hatten. Sie verteilen so die Kosten und die Steuerersparnis über mehrere Jahre.
- Beträge von 150 bis 1.000 Euro können Sie in einer Sammel- oder Poolabschreibung über die Nutzungsdauer oder über fünf Jahre abschreiben – wie in dem vorangegangen Punkt.

↓ Beträge über 1000 Euro schreiben Sie über die Nutzungsdauer gemäß AfA-Tabelle ab, in der Regel sind das fünf Jahre.

Wichtig
Maßgebend für die Einordnung in die obigen Gruppen ist der Netto-Anschaffungspreis. Das gilt auch für Klein-unternehmer, die keinen Vorsteuerabzug vornehmen. Dazu gehört Ihr Feriendomizil. Für die Zuordnung – und *nur* für die Zuordnung - der Gegenstände, ziehen Sie die Mehrwertsteuer ab. Für den Eintrag in Ihre Tabelle und die Steuererklärung nehmen Sie dann wieder den Bruttobetrag inklusive Mehrwertsteuer – es sei denn Sie sind umsatzsteuerpflichtig und damit auch vorsteuer-abzugsberechtigt. (s. Kapitel 11.2.)

Zwei Beispiele:

1) Sie kaufen im Jahr 2017 eine Waschmaschine für 499,- €.
    Wie ist diese Ausgabe steuerlich zu behandeln?
    Im ersten Schritt berechnen Sie den Nettopreis:

$$499,- € / 1,19 = 419,33 €$$

Die Waschmaschine liegt im Anschaffungspreis netto über 410,- Euro und muss abgeschrieben werden. Sie entscheiden sich für eine Abschreibung über fünf Jahre, legen ein Verzeichnis an und tragen die Abschreibungsbeträge ein. In die Tabelle gehören wiederum die Bruttobeträge, weil Sie auch den Mehrwert-steueranteil geltend machen können:

$$499,- € / 5 = 99,80 €$$

Jahr	2017	2018	2019	2020	2021
Waschmaschine	99,80 €	99,80 €	99,80 €	99,80 €	99,80 €

2) Sie kaufen im Jahr 2017 eine Waschmaschine für 479,- €.
    Der Nettopreis berechnet sich:

$$479,- € / 1,19 = 402,52 €$$

Diesen Betrag können Sie im Jahr 2017 komplett geltend machen, denn er ist kleiner als 410,- € oder Sie schreiben die Bruttobeträge ab:

$$479,- € / 5 = 95,80 €$$

Jahr	2017	2018	2019	2020	2021
Waschmaschine	95,80 €	95,80 €	95,80 €	95,80 €	95,80 €

Diese Regel hat den Sinn und den Vorteil, dass Sie die Kosten genauso wie die Nutzung über mehrere Jahre verteilen. Das scheint im ersten Jahr vielleicht etwas ärgerlich, aber in den Folgejahren werden Sie sich freuen, dass Sie Beträge steuerlich geltend machen können, ohne die Ausgabe zu haben. Sie sollen dadurch die Möglichkeit erhalten, bereits früh Kapital für den Ersatz zurückzulegen.

↓ Zeile 36 Schuldzinsen ohne Tilgungsbeträge
Die Abbuchungsbeträge Ihrer Bank umfassen bei einem Annuitätendarlehen Zins- und Tilgungsbeträge. In Kapitel 3 wurden Ihnen die unterschiedlichen Möglichkeiten der Finanzierung aufgezeigt.
Wichtig ist hier, dass Sie in diese Zeile lediglich die Kreditzinsen eintragen. Sie erhalten nach jedem Kalenderjahr von Ihrer Bank eine Übersicht der gezahlten Beträge – auch zur Vorlage beim Finanzamt.

↓ Zeile 37 Geldbeschaffungskosten (z.B. Schätz, Notar- und
    Grundbuchkosten)
Wie bereits weiter oben ausgeführt, ist eine Aufteilung der Kosten für Haus und Grundstück notwendig. Die für den Erwerb des Hauses angefallenen Kosten können hier geltend gemacht werden.
Sie können in den Folgejahren Gebühren für zusätzliche Kredite eintragen, wenn es notwendig wird.

↓ Zeile 38 Renten, dauerhafte Lasten

Dieser Punkt ist relevant, wenn Sie die Immobilie nicht käuflich erworben haben, sondern als künftiger Erbe von z.B. Ihren Eltern übertragen bekommen haben. Zahlen Sie nun eine Rente als Gegenleistung, wird diese hier eingetragen. Da dieser Fall die Ausnahme bildet, soll er an dieser Stelle nicht weiter vertieft werden. Lassen Sie sich von Ihrem Steuerberater verschiedene Alternativen der Zahlung und ihre steuerliche Auswirkung aufzeigen.

↓ Zeile 39 Voll abzuziehende Erhaltungsaufwendungen, die direkt zugeordnet werden können

Die Zahl unterschiedlicher Erhaltungsaufwendungen ist groß und es lohnt sich alle Quittungen und Kassenzettel zu sammeln.

Eine Übersicht der Kosten, die Sie als Erhaltungsaufwendungen geltend machen können:

- **Alle** Einrichtungsgegenstände, die unter die geringwertigen Wirtschaftsgüter fallen
- Alle Produkte, die Sie für Renovierung Ihres Domizils anschaffen und verwerten: Malerbedarf, Laminat etc. - bitte beachten Sie hier auch die Preisgrenzen, höherwertigere Güter müssen über mehrere Jahre geltend gemacht werden.
- Bettwäsche, Handtücher, Badvorleger
- Reinigungsmittel
- Rechnungen für externe Dienstleistungen, wie Handwerker
- Extras für die Gäste: Wein, Blumen, Betthupferl, Obst – natürlich in sinnvollem, glaubwürdigem Umfang
- Garten: Pflanzen und Geräte
- Die Abgrenzung zwischen Erhaltungsaufwand, der direkt zu 100% geltend gemacht werden kann und abzuschreibenden nachträglichen Herstellungskosten wird im nächsten Abschnitt behandelt.

✦ Zeilen 41 - 45

Es stellt sich die Frage: Welche Erhaltungsaufwendungen müssen über maximal fünf Jahre verteilt werden? Wie ist die begriffliche Abgrenzung zwischen Herstellungskosten und sofort abziehbarem Erhaltungsaufwand?

Kosten der Instandhaltung und Instandsetzung Ihrer Immobilie werden steuerlich als Erhaltungsaufwand bezeichnet und können sofort zu 100% geltend gemacht werden. Für die Vermietung und Verpachtung ist dies im § 21 EStG geregelt.

Kosten für nachträgliche Herstellung des Gebäudes müssen dagegen dem Wert der Immobilie zugerechnet und langfristig abgeschrieben werden. Da diese Begriffe im Einkommensteuergesetz nicht definiert werden, werden die Definitionen aus dem Handelsgesetzbuch angewendet. Im § 255 Absatz 2 HGB ist der Begriff der Herstellungskosten geregelt.

> § 255 HGB - Bewertungsmaßstäbe
>
> (2) Herstellungskosten sind die Aufwendungen, die durch den Verbrauch von Gütern und die Inanspruchnahme von Diensten für die Herstellung eines Vermögensgegenstands, seine Erweiterung oder für eine über seinen ursprünglichen Zustand hinaus-gehende wesentliche Verbesserung entstehen. Dazu gehören die Materialkosten, die Fertigungskosten und die Sonderkosten der Fertigung sowie angemessene Teile der Materialgemeinkosten, der Fertigungsgemeinkosten und des Werteverzehrs des Anlagevermögens, soweit dieser durch die Fertigung veranlasst ist. Bei der Berechnung der Herstellungskosten dürfen angemessene Teile der Kosten der allgemeinen Verwaltung sowie angemessene Aufwendungen für soziale Einrichtungen des Betriebs, für freiwillige soziale Leistungen und für die betriebliche Altersversorgung einbezogen werden, soweit diese auf den Zeitraum der Herstellung entfallen. Forschungs- und Vertriebskosten dürfen nicht einbezogen werden.

Es handelt sich um nachträgliche Herstellungskosten:

- o bei Neuaufbau nach einem Schaden, durch den das Gebäude nicht mehr nutzbar war
- o wenn es sich um eine Erweiterung handelt
- o eine wesentliche Verbesserung herbeigeführt wird

Im Detail:
Um eine Erweiterung handelt es sich lediglich, wenn ein Bestandteil hinzugefügt wird, der eine neue Funktion erfüllt. Wenn Sie in Ihr Haus eine Sauna einbauen, stellt diese eine Erweiterung dar. Die Kosten fallen unter nachträgliche Herstellung und müssen über die Nutzungsdauer abgeschrieben werden.

Wenn Sie die einfachverglasten Fenster Ihres Hauses gegen moderne wärmedämmende Isolierfenster ersetzen, ist dies *keine* Erweiterung. Es werden neue Bestandteile in Ihre Immobilie eingebaut, sie erfüllen jedoch keine neue Funktion. Dies gilt ebenfalls für Maßnahmen der energetischen Sanierung, sie stellt eine Erhaltungsmaßnahme dar.
Die Fenster sind unter steuerlichen Gesichtspunkten nicht einmal eine wesentliche Verbesserung. Dieser Rechtsbegriff ist recht schwammig, doch muss es sich hier um eine wesentliche Verbesserung handeln, die über eine zeitgemäße Erneuerung hinausgeht. Eine Anpassung an den technischen Fortschritt und an die gestiegenen Anforderungen Ihrer Mieter fällt nicht darunter.

Abschließend soll die Ausnahme des ‚Anschaffungsnahen Aufwandes' angesprochen werden. Hierbei geht es um Instandsetzungen und Renovierungen, die innerhalb der ersten drei Jahre nach dem Kauf des Hauses durchgeführt werden. Wenn diese netto, also ohne Umsatzsteuer, 15% des Kaufpreises der Immobilie – ohne Kosten für das Grundstück – nicht übersteigen, können sie einschließlich Umsatzsteuer als Erhaltungsaufwand geltend gemacht werden. Allerdings dürfen diese Kosten nicht in einer Summe abgesetzt, sondern müssen über fünf Jahre abgeschrieben werden.

Fragen Sie bei Unsicherheiten in den ersten Jahren Ihren Steuerberater oder direkt bei Ihrem Finanzamt nach. Im Laufe der Zeit werden Sie mit diesen Regelungen vertraut.

⬇ Zeile 46

Die aufgeführten Kostenarten und deren Reihenfolge sind aus dem Steuerformular Anlage V übernommen. Sie können die Kosten in Ihrer Tabelle zusammentragen und direkt in das Formular übernehmen.

- Grundsteuer

  Für Immobilien und Grundstücke ist Grundsteuer zu entrichten. Der Eigentümer oder Grundbesitzer erhält von der Gemeinde oder der Stadt jährlich einen Grundsteuerbescheid.

  Maßgebend für die Berechnung der Grundsteuer ist der vom Finanzamt ermittelte Wert des Grundstücks. Diesen Wert nimmt die Gemeinde als Berechnungsgrundlage und multipliziert ihn mit dem festgelegten Hebesatz, der etwa bei 100 bis 400 Prozent liegt. Die Steuer ist in ländlichen Bereichen niedriger als in Ballungszentren.

  Beispiel 1: Kleines Haus mit 2 Wohneinheiten auf 2100 qm Grundstück an der Nordseeküste: 85 Euro pro Jahr

  Beispiel 2: Großes Einfamilienhaus auf 600 qm Grundstück in Hamburg: 800 Euro pro Jahr

  Der Verkäufer der Immobilie kann Sie über diese Kosten informieren.

- Straßenreinigung

  In manchen Städten werden Sie an den Kosten beteiligt. Der Vorteil liegt auf der Hand: bei einer Ferienimmobilie sind Sie nicht immer vor Ort. Die Straße vor Ihrem Haus wird gereinigt, alles sieht sauber und gepflegt aus.

- Müllabfuhr

  In manchen Feriengebieten können Sie Saisontonnen bestellen. In meinen Augen lohnt sich das nicht, wenn Sie in eine Immobilie investieren, die Sie ganzjährig vermieten können und wollen. Gerade dadurch erzielen Sie eine hohe Gesamtbelegung. In der Nicht-Saison werden Sie selbst vor Ort sein und renovieren und ab und zu ausmisten. Auch dafür benötigen Sie eine Mülltonne.

Es ist ein Rechenexempel und im Einzelfall zu entscheiden.

o Wasserversorgung, Abwasser und Entwässerung

Häuser in ländlichen Gebieten sind zum Teil nicht an die Kanalisation angeschlossen. Das Abwasser wird in eine hauseigene Klärgrube geleitet. Vorteil dieser Konstellation ist, dass die Wasserkosten sehr niedrig sind. Sie bezahlen keine Abwassergebühr, sondern lediglich einmal jährlich die Entleerung der Klärgrube. Die Kosten hierfür liegen bei 150 Euro. Die Abwassergebühr macht bis zu 80 Prozent der Wassergebühren aus. Also keine Scheu vor dem Kauf eines Hauses mit eigener Klärgrube.

o Hausbeleuchtung

Umgelegte Kosten in Mehrfamilienhäusern

o Energiekosten: Heizung, Warmwasser, Strom

Die Energiekosten sind hoch, versuchen Sie über moderne Techniken und energiesparende Geräte die Kosten im erträglichen Rahmen zu halten. Auch wärmedämmende Maßnahmen – gerade bei älteren Häusern - machen sich bezahlt.

Sparen Sie vor allem Strom und Gas/Öl in unbewohnten Zeiten! Lassen Sie die Heizung herunter regeln und schalten Sie Geräte, die im Standby-Modus Energie verbrauchen, ganz aus. Erfolgreiche Vermietung von Ferienimmobilien bedeutet je nach Haus und Feriengebiet 120 – 200 Nächte im Jahr. Das bedeutet im Umkehrschluss, dass Ihr Haus 160 – 240 Tage im Jahr unbewohnt ist! Da kann eine Menge Energie sinnlos verbraucht werden. Die Kosten dafür tragen Sie.

o Schornsteinfeger

Einmal im Jahr kommt der Schornsteinfeger, die Kosten liegen bei 100 Euro im Jahr.

o Versicherungen
Welche Versicherungen sinnvoll sind, lesen Sie im Kapitel 10. Die Kosten sind komplett steuerlich geltend zu machen.

o Hauswart bzw. –meister, Hausbetreuung
Wenn Sie eine Wohnung in einem Mehrfamilien-haus kaufen, gibt es in der Regel einen Hausmeister, der sich um die gemeinschaftlich genutzten Bereiche kümmert. Für ein Ein- oder Zweifamilienhaus können Sie hier die Kosten für Ihre Hausbetreuung einsetzen, dazu gehört auch die Reinigung der Domizile.

o Treppenreinigung
Umgelegte Kosten in Mehrfamilienhäusern

o Fahrstuhl
Umgelegte Kosten in Mehrfamilienhäusern

- Zeile 47 Verwaltungskosten
  o Werbung
  Alle Kosten, die für die Werbung und Bekanntmachung Ihres Domizils anfallen:
  - Kosten für den Provider Ihrer Website (ungefähr 15 Euro pro Jahr)
  - Erstellung der Website (ab 2.000 Euro einmalig - je nach Raffinesse der Seite) außerdem Softwarelizenz zur technischen Realisation (ca. 250 Euro einmalig)
  - Kosten für die Ferienportale, auf denen Sie Ihre Online-Broschüren eintragen (ungefähr 200 bis 450 Euro jährlich)
  - Anzeigen in Gastgeberverzeichnissen, Zeit-schriften und Zeitungen (kann kostenmäßig stark variieren)
  - Flyer, Postkarten und Visitenkarten (ungefähr 100 bis 150 Euro pro Bestellung)

- Werbeartikel bzw. Streuartikel, die Sie verteilen, wie z.B. Streichholzschachteln oder Kugelschreiber
o Kontoführungsgebühren
  Es ist sinnvoll, für jedes Haus ein eigenes Konto einzurichten, über das die Einnahmen und Ausgaben laufen. Diese Trennung wünscht das Finanzamt und die Abgrenzung und Zuordnung ist für Sie wesentlich übersichtlicher.
  Die Gebühren für dieses Konto sind steuerlich geltend zu machen.
o Büromaterial und Porto
  Wenn Sie Ihre Buchungsunterlagen per Post verschicken, sind die Kosten etwas höher. Sie können die angegebene Adresse des Gastes überprüfen und Ihr Gesamteindruck ist professioneller und Vertrauen erweckender. Da Sie eine hohe Anzahlung bei Buchung verlangen, sind die höheren Kosten gerechtfertigt – und steuerlich absetzbar.
o GEZ: Die Rundfunkgebühren sind Anfang 2013 reformiert worden. Jetzt gilt für Ferienwohnungen und Zimmer, das die erste Einheit pro Betriebsstätte frei ist, ab der zweiten zahlen Sie 5,99 Euro pro Monat. In diesem Beispiel handelt es sich um ein Doppelhaus. Die eine Haushälfte ist also frei, die andere ist kostenpflichtig: 12 Monate á 5,99 € = 71,88 €.
  Weitere Informationen unter www.rundfunkbeitrag.de.
o Arbeitszimmer, Computer mit Drucker und Scanner
  Selbstverständlich benötigen Sie für diese Tätigkeit einen Arbeitsplatz mit Computer. Sie können ein Arbeitszimmer mit Büromöbeln und technischer Ausstattung steuerlich geltend machen. In dem Beispiel, das Sie durch diesen Ratgeber begleitet, fehlen diese Angaben – hier wird von einer Person ausgegangen, die bereits selbständig arbeitet und ihr Büro in den Betriebsausgaben der originären Tätigkeit geltend macht.

11.4   Das Formular in Österreich

Die Beilage zur Einkommensteuererklärung E 1 für Einkünfte aus Vermietung und Verpachtung von Grundstücken und Gebäuden in Österreich finden Sie auf der Website des österreichischen Bundesministeriums für Finanzen im Bereich Steuern und Zoll.
Der nachfolgende Link führt Sie direkt zu der Anlage*:*
*http://formulare.bmf.gv.at/service/formulare/inter-Steuern/pdfs/2016/E1b.pd*f

Sie sieht ähnlich wie die Anlage V in Deutschland aus:

Hinweis (wird nicht ausgedruckt): Bitte verwenden Sie die letzte Version des Adobe Acrobat Reader. Nur so können Sie das Formular mit Ihren ausgefüllten Daten speichern!

An das Finanzamt　　　　　　　　　**FinanzOnline,** unser Service für Sie!　　　　　　Eingangsvermerk

2016

Dieses Formular wird maschinell gelesen, füllen Sie es daher nur mittels Tastatur und Bildschirm aus. Eine handschriftliche Befüllung ist unbedingt zu vermeiden. Betragsangaben in EURO und Cent (rechtsbündig). Eintragungen außerhalb der Eingabefelder können maschinell nicht gelesen werden.
Die stark hervorgehobenen Felder sind jedenfalls auszufüllen.

Abgabenkontonummer		Geburtsdatum (TTMMJJJJ)
Finanzamtsnummer - Steuernummer	10-stellige Sozialversicherungsnummer laut e-card 1)	*(Wenn keine SV-Nummer vorhanden, jedenfalls auszufüllen)*

FAMILIEN- ODER NACHNAME (BLOCKSCHRIFT)

VORNAME (BLOCKSCHRIFT)　　　　　　　　　　　　　　　　TITEL (BLOCKSCHRIFT)

Beilage zur Einkommensteuererklärung E 1 für Einkünfte aus Vermietung und Verpachtung von Grundstücken und Gebäuden für 2016

Wird ohne nähere Bezeichnung auf gesetzliche Bestimmungen verwiesen, ist darunter das Einkommensteuergesetz 1988 (EStG 1988) zu verstehen.

Bitte pro Einkunftsquelle eine Beilage ausfüllen!
Achtung: Bei Vorliegen von Vermietungsgemeinschaften (Hausgemeinschaften) verwenden Sie bitte das Formular E 6!

Zutreffendes bitte ankreuzen!

USt-Bruttosystem 1	Bebautes Grundstück	Einheitswert-Aktenzeichen (EWAZ) 2		Postleitzahl
USt-Nettosystem	Unbebautes Grundstück			

Lageadresse (Ort, Straße, Platz, Haus-Nr., Stiege, Tür-Nr.)　　　Staat *(nur ausfüllen, wenn nicht in Österreich)*

Ich beanspruche eine Entlastung von der Doppelbesteuerung auf Grund der Verordnung BGBl. II Nr. 474/2002. 3 ｜ Höhe eines auszuscheidenden Überschusses oder Verlustes 4 ｜ **9030**

Erwerb oder erstmalige Nutzung der Einkunftsquelle:　　　　Beträge in Euro und Cent

Die Einkunftsquelle wurde im Erklärungsjahr **entgeltlich erworben.**
Höhe der gesamten Anschaffungskosten (Grund und Boden und Gebäude) 5 ｜ **9409**

a) Der auf das Gebäude entfallende Anteil an den gesamten Anschaffungskosten wurde nach der Grundanteilverordnung 2016 (GrundanteilV 2016) ermittelt und beträgt
□ 60% □ 70% □ 80%

b) Der auf das Gebäude entfallende Anteil an den gesamten Anschaffungskosten wurde nach einem anderen Aufteilungsverhältnis ermittelt. Dieses beträgt in Prozent: 6

Von den gesamten Anschaffungskosten entfallen auf das Gebäude (ohne Grundanteil) 5 ｜ **9410**

Die Einkunftsquelle wurde im Erklärungsjahr **unentgeltlich erworben.** 7
Die AfA-Bemessung erfolgt nach § 16 Abs. 1 Z 8 lit. b (AfA-Fortsetzung).

Zehntel-/Fünfzehntelabsetzungen vom Rechtsvorgänger wurden übernommen

Die Einkunftsquelle wird im Erklärungsjahr **erstmalig vermietet.** Die Bemessung der AfA 8
erfolgt von den

fiktiven Anschaffungskosten (Gebäude war zum 31.3.2012 nicht steuerverfangen)

historischen Anschaffungskosten (Gebäude war zum 31.3.2012 steuerverfangen oder wurde danach erworben)

Höhe der AfA-Bemessungsgrundlage ｜ **9412**

Übertragung der Einkunftsquelle oder Beendigung der Vermietung:

Die Einkunftsquelle wurde im Erklärungsjahr zur Gänze oder teilweise veräußert. 9

Die Einkunftsquelle wurde im Erklärungsjahr zur Gänze oder teilweise verschenkt.

Die Vermietung wurde im Erklärungsjahr beendet, ohne dass die Einkunftsquelle veräußert oder unentgeltlich übertragen wurde.

1) Bitte geben Sie hier die vom österreichischen Sozialversicherungsträger vergebene 10-stellige Versicherungsnummer vollständig an.

E 1b-PDF-2016 Bundesministerium für Finanzen　　　　　　　E 1b, Seite 1, Version vom 10.11.2016

Abbildung 19: Die Seite 1 des Formulars in Österreich

Im Erklärungsjahr sind Aufwendungen gemäß § 28 Abs. 2, 3 oder 4 angefallen:		
☐ Ich stelle einen Antrag auf Verteilung von Aufwendungen gemäß § 28 Abs. 2 Höhe der insgesamt zu verteilenden Aufwendung gemäß § 28 Abs. 2	10	9430
☐ Ich stelle einen Antrag auf Verteilung von Aufwendungen gemäß § 28 Abs. 3 Höhe der insgesamt zu verteilenden Herstellungsaufwendungen	11	9440
Verteilungszeitraum (mindestens 10, höchstens 15 Jahre) Anzahl der Jahre		✕
☐ Ich stelle einen Antrag auf Verteilung von Aufwendungen gemäß § 28 Abs. 4 Höhe der insgesamt zu verteilenden Aufwendungen gemäß § 10 Mietrechtsgesetz	12	9450

Ermittlung der Einkünfte 13

Einnahmen	14	9460
Werbungskosten		
Absetzbare Aufwendungen nach § 28 Abs. 2 (Zehntel-/Fünfzehntelabsetzungen)	10	9470
Absetzbare Aufwendungen nach § 28 Abs. 3 (Zehntel-/Fünfzehntelabsetzungen)	11	9480
Absetzbare Aufwendungen nach § 28 Abs. 4 (Zehntelabsetzungen)	12	9490
Absetzung für Abnutzung (AfA) Aufgrund § 16 Abs. 1 Z 8 iVm § 124b Z 284 kommt es ab 2016 zu einer Änderung der AfA gegenüber dem Vorjahr (Zutreffendes bitte ankreuzen): ☐ ja ☐ nein	15	9500
Fremdfinanzierungskosten	16	9510
Sofort abgesetzte Instandhaltungs- und/oder Instandsetzungskosten		9520
Übrige Werbungskosten		9530
Summe Werbungskosten (muss nicht ausgefüllt werden)		
Zu-/Abschlag gemäß § 28 Abs. 7	17	9414
Einnahmenüberschuss oder Werbungskostenüberschuss (Verlust) [Bitte diesen Betrag im Formular E 1 bei der Einkunftsart Vermietung und Verpachtung (Punkt 16.1) berücksichtigen.]		

WICHTIGER HINWEIS: Bitte übermitteln Sie keine Originaldokumente/Belege, da alle im Finanzamt einlangenden Schriftstücke nach elektr. Erfassung datenschutzkonform vernichtet werden! Bewahren Sie diese aber mindestens 7 Jahre für eine etwaige Überprüfung auf. Aufzeichnungen und Unterlagen, die Grundstücke im Sinne des § 6 Abs. 1 Z 9 lit. a UStG 1994 betreffen, sind zweiundzwanzig Jahre aufzubewahren (§ 18 Abs. 10 UStG 1994)

Noch einfacher können Sie diese Erklärung papierlos über www.bmf.gv.at (FinanzOnline) einbringen.
FinanzOnline steht Ihnen kostenlos und rund um die Uhr zur Verfügung und bedarf keiner speziellen Software.

Steuerliche Vertretung (Name, Anschrift, Telefonnummer)

☐ D

Datum, Unterschrift

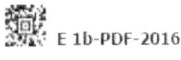

E 1b-PDF-2016

E 1b, Seite 2, Version vom 10.11.2016

Abbildung 20: Die Seite 2 des Formulars in Österreich

Die Finanzbehörden in Österreich geben ausführliche Erläuterungen als Ausfüllhilfe:

Erläuterungen

*1 Beim **USt-Bruttosystem** sind Einnahmen und zu Werbungskosten führende Ausgaben inklusive USt anzusetzen. Bei Aufwendungen, die im Wege der AfA abzusetzen sind, sind die abziehbaren Vorsteuern als Werbungskosten sofort abziehbar. Als Abschreibungsbasis sind die Anschaffungs-(Herstellungs-)Kosten ohne USt heranzuziehen. Die Summe der im Veranlagungsjahr bezahlten USt-Zahllasten ist den übrigen Werbungskosten in Kennzahl 9530, die Summe allfälliger USt-Gutschriften den Einnahmen in Kennzahl 9460 zuzurechnen. Ergeben sich sowohl USt-Zahllasten als auch USt-Gutschriften, ist eine Saldierung vorzunehmen; bei einem Gutschriftsüberhang ist dieser in Kennzahl **9460**, bei einem Zahllastenüberhang ist dieser in Kennzahl **9530** einzutragen. Beim **USt-Nettosystem** wird die USt als durchlaufender Posten behandelt und bleibt sowohl auf der Einnahmen- als auch auf der Werbungskostenseite außer Ansatz. Alle Einnahmen und vorsteuerabzugsfähigen zu Werbungskosten führende Ausgaben werden daher nur netto angesetzt. Das Nettosystem ist nur bei solchen Steuerpflichtigen zulässig, bei denen die USt grundsätzlich Durchlaufcharakter haben kann. Die Nettoverrechnung ist damit in Fällen nicht möglich, in denen ein Unternehmer unecht steuerbefreite Umsätze tätigt (zB Vermietung von Geschäftsräumen ohne Option zur USt-Pflicht, Kleinunternehmer iSd UStG 1994 unter 30.000 Euro Jahresumsatz).*

2 Besteht die Einkunftsquelle aus einem einzigen Grundstück (zB Eigentumswohnung, Mietwohngrundstück), führen Sie bitte Einheitswert-Aktenzeichen (EAWZ), Postleitzahl und Lageadresse an. Werden mehrere Grundstücke im Rahmen einer einzigen Einkunftsquelle vermietet (zB Vermietung mehrerer Eigentumswohnungen im selben Gebäude an einen Mieter), genügt die Angabe eines einzigen Grundstückes. Führen Sie bitte in diesem Fall in den Folgejahren bei unveränderten Verhältnissen immer dasselbe Grundstück an.

3 Die Verordung BGBl. II Nr. 2002/474 sieht im Fall des Fehlens eines Doppel-besteuerungsabkommens unter den näher bezeichneten Voraussetzungen eine Entlastung von der Doppelbesteuerung durch Steuerfreistellung oder Anrechnung ausländischer Steuern vor. Wurde eine derartige Entlastung in Anspruch genommen, geben Sie dies bitte durch Ankreuzen bekannt.

*4 In dieser Kennzahl sind insbesondere jene Überschuss-/Verlustteile einzutragen, die in Fällen einer **unentgeltlichen Übertragung der Einkunftsquelle** auf Grund einer aliquoten Einkünfteabgrenzung auf den Rechtsnachfolger bzw. Rechtsvorgänger entfallen (siehe Rz 109 der*

Einkommensteuerrichtlinien 2000). In derartigen Fällen ist sowohl vom (für den) Rechtsvorgänger als auch vom Rechtsnachfolger eine vollständige Beilage E 1b auszufüllen; beim Rechtsvorgänger ist der auf den Rechtsnachfolger entfallende Anteil in Kennzahl 9030 auszuscheiden, der Rechtsnachfolger hat den auf den Rechtsvorgänger entfallenden Anteil in Kennzahl 9030 auszuscheiden.

*5 Besteht die Einkunftsquelle aus einem im **Erklärungsjahr entgeltlich erworbenen** Gebäude, geben Sie bitte unter Kennzahl 9409 die gesamten Anschaffungskosten und unter Kennzahl 9410 die Anschaffungskosten (den Kaufpreis) für das Gebäude ohne den auf den Grund und Boden entfallenden Anteil an. Zur Ermittlung des Gebäude-anteils siehe Anm. 6. Die auf das Gebäude entfallenden Anschaffungskosten stellen die AfABemessungsgrundlage dar. Gesetzlich ist - ohne Nachweis der Nutzungsdauer*
- ein AfA-Satz von 1,5% anzusetzen (§ 16 Abs. 1 Z 8 lit. d). Im Fall einer „gemischten Schenkung" mit überwiegendem Schenkungscharakter (siehe dazu unter Punkt 6) liegt ein unentgeltlicher Erwerb vor, sodass keine Eintragung unter Kennzahl 9409 und 9410 vorzunehmen ist.

*6 Mit der **GrundanteilV 2016** wurde zur Berücksichtigung unterschiedlicher*
örtlicher oder baulicher Verhältnisse der Anteil des Grund und Bodens an den gesamten Anschaffungskosten pauschal festgelegt. Danach beträgt der auf Boden entfallende Anteil:
a) 20% in Gemeinden mit weniger als 100.000 Einwohnern, bei denen der durchschnittliche Quadratmeterpreis für baureifes Land weniger als 400 Euro beträgt;
b) 30% in Gemeinden mit mindestens 100.000 Einwohnern und in Gemeinden, bei denen der durchschnittliche Quadratmeterpreis für baureifes Land mindestens 400 Euro beträgt, wenn das Gebäude mehr als 10 Wohn- oder Geschäftseinheiten umfasst;
*c) 40% in Gemeinden mit mindestens 100.000 Einwohnern und in Gemeinden, bei denen der durchschnittliche Quadratmeterpreis für baureifes Land mindestens 400 Euro beträgt, wenn das Gebäude bis zu 10 Wohn- oder Geschäftseinheiten umfasst. Dementsprechend beträgt der Gebäudeanteil **60%** (Punkt c), **70%** (Punkt b) oder **80%** (Punkt a). Wenn Sie von dieser Aufteilung Gebrauch machen, kreuzen Sie bitte den zutreffenden Prozentsatz (Anteil*
*des Gebäudes an den gesamten Anschaffungskosten) an. Der Anteil des Grund und Bodens kann auch nach einem **anderen Aufteilungsverhältnis** ermittelt werden,*
• wenn die tatsächlichen Verhältnisse offenkundig erheblich von den Werten der Verordnung abweichen, oder

• *wenn seine Richtigkeit nachgewiesen wird.*
Der Nachweis kann beispielsweise durch ein Gutachten eines Sachverständigen
erbracht werden. Ein vorgelegtes Gutachten unterliegt der freien Beweiswürdigung. Wurde der Gebäudeanteil nach einem anderen Aufteilungsverhältnis ermittelt, geben Sie bitte diesen Prozentanteil an.
*7 Ein **unentgeltlicher Erwerb** liegt insbesondere bei Erwerb durch Schenkung, gegen Unterhaltsrente, durch Erbschaft, Legat, Schenkung auf den Todesfall und als Abfindung eines Plichtteilanspruches vor. Im Fall einer „gemischten Schenkung" ist von einem unentgeltlichen Erwerb auszugehen, wenn der Kaufpreis des Gebäudes nicht*
mindestens die Hälfte seines Verkehrswertes beträgt. Im Fall eines unentgeltlichen
Erwerbs ist gemäß § 16 Abs. 1 Z 8 lit. b EStG 1988 die AfA des Rechtsvorgängers fortzusetzen. Siehe dazu insbesondere Rz 6434ff EStR 2000.
*8 Gemäß § 16 Abs. 1 Z 8 lit. c EStG 1988 ist die AfA von den **fiktiven Anschaffungskosten** des Gebäudes zum Zeitpunkt des Vermietungsbeginnes*
*zu bemessen, wenn ein zum 31.03.2012 nicht steuerverfangenes Gebäude (Anschaffung außerhalb der idR zehnjährigen Spekulationsfrist nach der bis 31.03.2012 geltenden Rechtslage) im Erklärungsjahr **erstmalig vermietet** wird. Handelt es sich um ein Gebäude, das zum 31.03.2012 steuerverfangen war oder danach erworben wurde, sind bei erstmaliger Vermietung die **historischen Anschaffungskosten** anzusetzen.*
Siehe dazu insbesondere Rz 6429ff EStR 2000.
9 Einkünfte aus privaten Grundstücksveräußerungen sind grundsätzlich steuerpflichtig (§ 30). Derartige Einkünfte sind im Formular E 1 unter Punkt 17 zu erfassen.
*10 Gemäß § 28 Abs. 2 können über **Antrag** Aufwendungen für nicht regelmäßig jährlich anfallende **Instandhaltungsarbeiten**, Absetzungen für **außergewöhnliche technische oder wirtschaftliche Abnutzung** und damit zusammenhängende Aufwendungen sowie **außergewöhnliche Aufwendungen**, die keine Instandhaltungs-, Instandsetzungs- oder Herstellungsaufwendungen sind, gleichmäßig über mehrere Jahre verteilt berücksichtigt werden. Für Aufwendungen der Jahre ab 2016 wurde der Verteilungszeitraum von zehn auf **fünfzehn** Jahre verlängert. Instandhaltungsaufwand liegt vor, wenn lediglich unwesentliche Gebäudeteile ausgetauscht werden oder wenn es zu keiner wesentlichen Erhöhung des Nutzwertes oder der Nutzungsdauer kommt (vgl. Rz 6467 ff. der EStR 2000).*

Instandsetzungsaufwendungen sind (nach allfälliger Kürzung um entsprechend gewidmete steuerfreie Subventionen aus öffentlichen Mitteln) bei **Wohngebäuden zwingend** zu verteilen. Für Aufwendungen der Jahre ab 2016 wurde der Verteilungs-zeitraum von zehn auf **fünfzehn** Jahre verlängert. Bei Gebäuden, die nicht Wohn-zwecken dienen (zB betrieblich genutzte Gebäude), können nicht regelmäßige Instandsetzungsaufwendungen wahlweise sofort oder verteilt abgesetzt werden.

Instandsetzungsaufwendungen sind jene Aufwendungen, die nicht zu den Anschaffungs- oder Herstellungskosten gehören und allein oder zusammen mit Herstellungsaufwand den Nutzungswert des Gebäudes wesentlich erhöhen oder seine Nutzungsdauer wesentlich verlängern (siehe dazu auch Rz 6450 ff. der EStR 2000). Für bis 2015 erfolgte Instandsetzungen bei Wohngebäuden verlängert sich hinsichtlich der ab 2016 zu berücksichtigenden Beträge der ursprüngliche Verteilungszeitraum von zehn auf fünfzehn Jahre. Dies gilt nicht für jene Aufwendungen, die nur auf Grund eines vor 2016 gestellten Antrages verteilt werden (Instandsetzungen bei anderen als Wohngebäuden sowie nicht regelmäßig jährlich anfallende Instandhaltungsarbeiten), sodass diesbezüglich die Zehnjahresverteilung weiter läuft. Bei einer Verteilung ist unter der Kennzahl **9430** die **Gesamthöhe** der im jeweiligen Veranlagungsjahr angefallenen verteilt zu berücksichtigenden Aufwendungen an- zugeben. Unter der Kennzahl **9470** sind sämtliche auf das Veranlagungsjahr entfallenden Teilbeträge anzusetzen, somit auch solche aus einer in Vorjahren erfolgten Antragstellung auf Verteilung. Sofort abgesetzte Instandhaltungsaufwendungen oder Instandsetzungsaufwendungen (bei anderen als Wohngebäuden) sind unter Kennzahl **9520** einzutragen.

11 Gemäß § 28 Abs. 3 sind folgende Aufwendungen, soweit sie Herstellungsaufwand (vgl. dazu Rz 6476 der EStR 2000) darstellen, über Antrag gleichmäßig auf **fünfzehn** Jahre verteilt abzusetzen:

1. Aufwendungen im Sinne der §§ 3 bis 5 des Mietrechtsgesetzes in Gebäuden, die den Bestimmungen des Mietrechtsgesetzes über die Verwendung der Hauptmietzinse unterliegen.

2. Aufwendungen für Sanierungsmaßnahmen, wenn die Zusage für eine Förderung nach dem Wohnhaussanierungsgesetz, dem Startwohnungsgesetz oder den landesgesetzlichen Vorschriften über die Förderung der Wohnhaussanierung vorliegt.

3. Aufwendungen auf Grund des Denkmalschutzgesetzes. Werden zur Finanzierung dieser Herstellungsaufwendungen gesetzlich vorgesehene Mieterhöhungen vorgenommen, kann der Herstellungsaufwand (nach

allfälliger Kürzung um entsprechend gewidmete steuerfreie Subventionen
aus öffentlichen Mitteln) gleichmäßig auf die Laufzeit der erhöhten Mieten,
mindestens aber gleichmäßig auf zehn Jahre verteilt werden. Führen Sie
bitte den Verteilungszeitraum an. Bei einer
*Antragstellung auf Verteilung ist unter der Kennzahl **9440** die*
***Gesamthöhe** der im jeweiligen Veranlagungsjahr angefallenen*
*Herstellungsaufwendungen anzugeben. Unter der Kennzahl **9480** sind*
sämtliche im jeweiligen Veranlagungsjahr zu berücksichti-genden
Teilbeträge einzutragen. Wird keine Verteilung beantragt, sind
Herstellungsaufwendungen gemäß § 28 Abs. 3 über die Restnutzungsdauer
*abzusetzen und im Rahmen der AfA unter Kennzahl **9500** zu*
berücksichtigen.

12** Gemäß § 28 Abs. 4 kann der **Ersatz von Aufwendungen gemäß § 10
***des Mietrechtsgesetzes** über Antrag gleichmäßig auf zehn Jahre verteilt*
werden. Bei einer Antragstellung auf Verteilung ist unter der Kennzahl
***9450** die **Gesamthöhe** der im jeweiligen Veranlagungsjahr angefallenen*
*Aufwendungen einzutragen. Unter der Kennzahl **9490** sind sämtliche auf*
*das Veranlagungsjahr entfallenden **Zehntelbeträge**,*
somit auch solche aus einer in Vorjahren erfolgten Antragstellung
einzutragen.

***13** Geben Sie Einnahmen und Werbungskosten jeweils **ohne** Vorzeichen an.*
*Einnahmenrückzahlungen sind unter Kennzahl **9530**,*
Werbungskostenrückzahlungen
*unter Kennzahl **9460** anzugeben.*

***14** In Kennzahl **9460** sind mit Ausnahme eines allfälligen Zuschlages*
gemäß § 28 Abs. 7 sämtliche Einnahmen aus der Einkunftsquelle in einer
Summe anzuführen.

***15** Unter Kennzahl **9500** ist der auf das Veranlagungsjahr entfallende*
Betrag an Absetzung für Abnutzung (AfA für Gebäude und Einrichtung)
einzutragen. Zur AfA-Bemessungsgrundlage und zum AfA-Satz siehe
insbesondere Rz 6422 ff. der EStR 2000.
Gesetzlich ist ab 2016 ein pauschales Aufteilungsverhältnis von 60% zu
40% betreffend Gebäude und Grund und Boden vorgesehen, das
grundsätzlich auch auf bereits vermietete Gebäude zur Anwendung kommt
(§ 16 Abs. 1 Z 8 in Verbindung § 124b Z 284). Bei einem bereits bisher
erfolgten pauschalen Ansatz des Gebäudeanteiles (zB 80% der gesamten
Anschaffungskosten), ist ab 2016 die AfA entsprechend zu reduzieren,
wenn sich dies aus dem ab 2016 maßgeblichen neuen Aufteilungsverhältnis
ergibt. Keine Änderung ergibt sich, wenn die Richtigkeit des bestehenden
Aufteilungs-verhältnisses bereits nachgewiesen wurde oder sich aus dem
Gesetz oder der Grundanteilsverordnung 2016 ergibt (zu den
diesbezüglichen pauschalen Werten siehe Anm 6). Bitte geben Sie an, ob

durch eine Änderung des Aufteilungsverhältnisses betreffend Gebäude und Grund und Boden eine Änderung der AfA ergeben hat.

16 Unter Kennzahl 9510 sind die auf das Veranlagungsjahr entfallenden absetzbaren Fremdfinanzierungskosten (insbesondere Zinsen, Kreditgebühren) einzutragen. Kedittilgungen (Annuitäten) stellen keine Werbungskosten dar.

17 Gemäß § 4 Abs. 2 Z 2 iVm § 28 Abs. 7 können periodenübergreifende Fehler, deren Ursprung im Jahr 2003 oder einem späteren Jahr liegt, soweit sie verjährte Zeiträume betreffen und der Fehler auf einen nicht verjährten Zeitraum Auswirkung haben kann, durch einen Zu- oder Abschlag im ersten nicht verjährten Jahr korrigiert werden. Das kann insbesondere Fehler iZm der Absetzung für Abnutzung (AfA) betreffen. Näheres siehe unter Rz 6516 iVm Rz 650 ff der EStR 2000.

Quelle:http://formulare.bmf.gv.at/service/formulare/inter-Steuern/pdfs/2016/E1b.pdf

Zusammen mit den Ausführungen dieses Ratgebers werden Sie sicherlich in der Lage sein, die Formulare auszufüllen. Für das erste Jahr kann es sinnvoll sein, einen Steuerberater zu beauftragen. Nutzen Sie seine Beratung im Sinne eines Coachings. In den Folgejahren können Sie die Erklärung dann ohne Hilfe ausfüllen - wenn Sie das wünschen. Auch die Dienstleistung des Steuerberaters sind abzugsfähige Kosten.

11.5   Das Formular in der Schweiz

In der Schweiz heißt das Formular *Aufstellung zum Formular L Liegenschaftenverzeichnis.* Sie finden es auf der Website der Steuerverwaltung des Finanzdepartements des Kantons Basel-Stadt. Nutzen Sie den Link http://www.steuerverwaltung.bs.ch/steuererklaerung/natuerliche-personen/steuererklaerung-2016/formulare.html und wählen auf der Seite das entsprechende Formular aus:

🦅 Kanton Basel-Stadt

Aufstellung
zum Liegenschaftenverzeichnis 2016

1) Vermietete und verpachtete Grundstücke und Liegenschaften des Privat- und Geschäftsvermögens werden zum Ertragswert bewertet. Als Steuerwert gelten die kapitalisierten jährlichen Miet- und Pachtzinsen (ohne die an die Mieterschaft weiter verrechneten Nebenkosten). Der Kapitalisierungssatz beträgt 6.50%. Die Kapitalisierung erfolgt gemäss der abgebildeten Formel. Bei nicht im Kanton Basel-Stadt gelegenen Grundstücken und Liegenschaften ist zusätzlich der auswärtige Steuerwert (z.B. Amtlicher Wert, Katasterwert) einzusetzen.

Bei Beendigung der Steuerpflicht erfolgt die Berechnung des Ertragswertes anhand der Miet- und Pachtzinsen des Vorjahres.

2) Selbst genutzte Grundstücke und Liegenschaften des Privat- und Geschäftsvermögens, die im Kanton Basel-Stadt gelegen sind, werden zum Realwert bewertet. Als Steuerwert gilt der von der Steuerverwaltung Basel-Stadt festgesetzte Wert gemäss Bewertungsverfügung. Bei nicht im Kanton Basel-Stadt gelegenen Grundstücken und Liegenschaften sind der bisherige Steuerwert und zusätzlich der auswärtige Steuerwert (z.B. Amtlicher Wert, Katasterwert) einzusetzen.

3) Land
CH = Schweiz
AU = Österreich
DE = Deutschland
FR = Frankreich
IT = Italien
usw.

4) Kanton
AG = Aargau
BE = Bern
BL = Basel-Landschaft
SO = Solothurn
usw.

5) Vermögensart
GM = Geschäftsvermögen
Einzelperson / Ehemann / P1
GF = Geschäftsvermögen
Ehefrau / P2
N = Nutzniessungsvermögen
S = Objekt aus Schenkung / Erbvorbezug
E = Objekt aus Erbschaft
K = Kindesvermögen

Privatvermögen ist nicht zu bezeichnen.

6) Liegenschaftsart
EFH = Einfamilienhaus
MFH = Mehrfamilienhaus
STW = Stockwerkeigentumswohnung
GIG = Gewerbe- und Industriegebäude
BLA = Bauland
KLA = Kulturland
WLA = Waldland

PersID

Einzelperson / Ehemann / P1   Name   Vorname

Ehefrau / P2   Name   Vorname

A. Steuerwert der Liegenschaften
Liegenschaft 4

☐ **vermietet / verpachtet** [1]

$$\frac{\text{Miet- und Pachtzinsen} \times 100}{\text{Kapitalisierungssatz}} = \text{CHF} \qquad \times 100$$
6.50

☐ **selbst genutzt** [2] Gemäss Bewertungsverfügung

Land [3]   Kanton [4]   Postleitzahl

Ort / Adresse   ☐ im Baurecht

Vermögensart [5]   Liegenschaftsart [6]   Baujahr

Erwerbsdatum

Veräusserungsdatum

Auswärtiger Steuerwert

Liegenschaft 5

☐ **vermietet / verpachtet** [1]

$$\frac{\text{Miet- und Pachtzinsen} \times 100}{\text{Kapitalisierungssatz}} = \text{CHF} \qquad \times 100$$
6.50

☐ **selbst genutzt** [2] Gemäss Bewertungsverfügung

Land [3]   Kanton [4]   Postleitzahl

Ort / Adresse   ☐ im Baurecht

Vermögensart [5]   Liegenschaftsart [6]   Baujahr

Erwerbsdatum

Veräusserungsdatum

Auswärtiger Steuerwert

Liegenschaft 6

☐ **vermietet / verpachtet** [1]

$$\frac{\text{Miet- und Pachtzinsen} \times 100}{\text{Kapitalisierungssatz}} = \text{CHF} \qquad \times 100$$
6.50

☐ **selbst genutzt** [2] Gemäss Bewertungsverfügung

Land [3]   Kanton [4]   Postleitzahl

Ort / Adresse   ☐ im Baurecht

Vermögensart [5]   Liegenschaftsart [6]   Baujahr

Erwerbsdatum

Veräusserungsdatum

Auswärtiger Steuerwert

Liegenschaft 7

☐ **vermietet / verpachtet** [1]

$$\frac{\text{Miet- und Pachtzinsen} \times 100}{\text{Kapitalisierungssatz}} = \text{CHF} \qquad \times 100$$
6.50

☐ **selbst genutzt** [2] Gemäss Bewertungsverfügung

Land [3]   Kanton [4]   Postleitzahl

Ort / Adresse   ☐ im Baurecht

Vermögensart [5]   Liegenschaftsart [6]   Baujahr

Erwerbsdatum

Veräusserungsdatum

Auswärtiger Steuerwert

Total Steuerwert der Liegenschaften 4 – 7
zu übertragen in das Liegenschaftenverzeichnis

Steuerwert 2016
bzw. am Ende der Steuerpflicht
CHF

Aufstellung zum Liegenschaftenverzeichnis

151.73.a.01.16

Abbildung 21: Die Seite 1 des Formulars in der Schweiz

B. Einkünfte aus Liegenschaften

	Kanton CHF	Bund CHF

7) Miet- und Pachtzinsen
Steuerbar sind die Miet- und Pacht-/einnahmen aus Anzugroen und die Mietzinsnebenkosten, ohne die an die Mieterschaft weiter verrechneten Nebenkosten.

Liegenschaft 4
Miet- und Pachtzinsen
Baurechtszinsen (nur bei Fremdvermietung)
Mietwert der eigenen Räume im MFH
Eigenmietwert EFH / STW
Zwischentotal
Liegenschaftskosten ☐ pauschal
Aufstellung ☐ effektiv
Einkünfte netto 4

8) Eigenmietwert
Steuerbar ist der Eigenmietwert der selbst genutzten Liegenschaft oder Wohnung (Einfamilienhaus, Stockwerkeigentumswohnung, Geschäftshaus und Geschäftsräume). Als Eigenmietwert sind beim Kanton 3,5% des Steuerwertes und beim Bund 4,25% des Steuerwertes ... zu ... schlag von 15%-auf dem kantonalen Eigenmietwert einzusetzen.

9) Zwischentotal
Massgebend für die Berechnung der Pauschale für die Liegenschaftskosten sowie für die Berechnung des Steuerwertes von vermieteten und verpachteten Grundstücken und Liegenschaften.

Liegenschaft 5
Miet- und Pachtzinsen
Baurechtszinsen (nur bei Fremdvermietung)
Mietwert der eigenen Räume im MFH
Eigenmietwert EFH / STW
Zwischentotal
Liegenschaftskosten ☐ pauschal
Aufstellung ☐ effektiv
Einkünfte netto 5

10) Liegenschaftskosten
Abziehbar sind die Unterhaltskosten, die Versicherungsprämien und die Kosten für die Verwaltung durch Dritte (ohne die bei vermieteten Liegenschaften an die Mieterschaft weiter verrechneten Nebenkosten). Es ist eine Aufstellung beizulegen. Die Abzüge können für jede Liegenschaft entweder auf Grund einer Pauschale oder der tatsächlichen Aufwendungen geltend gemacht werden. Die Pauschale wird in Prozenten des Eigenmietwertes oder der Miet- und Pachtzinsen berechnet und beträgt 10%, wenn das Gebäude zu Beginn der Steuerperiode nicht älter als zehn Jahre ist bzw. 20%, wenn es älter als zehn Jahre ist. Ein Pauschalabzug ist bei Geschäftsliegenschaften nicht zulässig.

Liegenschaft 6
Miet- und Pachtzinsen
Baurechtszinsen (nur bei Fremdvermietung)
Mietwert der eigenen Räume im MFH
Eigenmietwert EFH / STW
Zwischentotal
Liegenschaftskosten ☐ pauschal
Aufstellung ☐ effektiv
Einkünfte netto 6

Liegenschaft 7
Miet- und Pachtzinsen
Baurechtszinsen (nur bei Fremdvermietung)
Mietwert der eigenen Räume im MFH
Eigenmietwert EFH / STW
Zwischentotal
Liegenschaftskosten ☐ pauschal
Aufstellung ☐ effektiv
Einkünfte netto 7

Zusammenrechnung
Nettoeinkünfte aus Liegenschaft 4
Nettoeinkünfte aus Liegenschaft 5
Nettoeinkünfte aus Liegenschaft 6
Nettoeinkünfte aus Liegenschaft 7

Hypothekenschuldzinsen sind im Schuldenverzeichnis geltend zu machen.

Total Einkünfte aus Liegenschaften 4 – 7
zu übertragen in das Liegenschaftenverzeichnis

Aufstellung zum Liegenschaftenverzeichnis

Abbildung 22: Die Seite 2 des Formulars in der Schweiz

209

Die Schweizer Finanzbehörden geben Ausfüllhinweise direkt auf den Formularen, die hier zur Vorinformation noch einmal wiederholt werden sollen:

1) Vermietete und verpachtete Grundstücke und Liegenschaften des Privat- und Geschäftsvermögens werden zum Ertragswert bewertet. Als Steuerwert gelten die kapitalisierten jährlichen Miet-und Pachtzinsen (ohne die an die Mieterschaft weiter verrechneten Nebenkosten). Der Kapitalisierungssatz beträgt 6.50%. Die Kapitalisierung erfolgt gemäss der abgebildeten Formel. Bei nicht im Kanton Basel-Stadt gelegenen Grundstücken und Liegenschaften ist zusätzlich der auswärtige Steuerwert (z.B. Amtlicher Wert, Katasterwert) einzusetzen.

Bei Beendigung der Steuerpflicht erfolgt die Berechnung des Ertragswertes anhand der Miet-und Pachtzinsen des Vorjahres.

2) Selbst genutzte Grundstücke und Liegenschaften des Privat- und Geschäftsvermögens, die im Kanton Basel-Stadt gelegen sind, werden zum Realwert bewertet. Als Steuerwert gilt der von der Steuerverwaltung Basel-Stadt festgesetzte Wert gemäss Bewertungsverfügung. Bei nicht im Kanton Basel-Stadt gelegenen Grundstücken und Liegenschaften sind der bisherige Steuerwert und zusätzlich der auswärtige Steuerwert (z.B. Amtlicher Wert, Katasterwert) einzusetzen.

3) Land

CH = Schweiz

AU = Österreich

DE = Deutschland

FR = Frankreich

IT = Italien

usw.

4) Kanton

AG = Aargau

BE = Bern

BL = Basel-Landschaft

SO = Solothurn

usw.

5) Vermögensart

GM = Geschäftsvermögen

Einzelperson / Ehemann / P1

GF = Geschäftsvermögen

Ehefrau / P2
N = Nutzniessungsvermögen
S = Objekt aus Schenkung / Erbvorbezug
E = Objekt aus Erbschaft
K = Kindesvermögen
Privatvermögen ist nicht zu bezeichnen.
6) Liegenschaftsart
EFH = Einfamilienhaus
MFH = Mehrfamilienhaus
STW = Stockwerkeigentumswohnung
GIG = Gewerbe- und Industriegebäude
BLA = Bauland
KLA = Kulturland
WLA = Waldland
7) Miet- und Pachtzinsen
Steuerbar sind die Miet- und Pachtzinseinnahmen. Anzugeben sind die Mietzinseinnahmen ohne die an die Mieterschaft weiter verrechneten Nebenkosten.
8) Eigenmietwert
Steuerbar ist der Eigenmietwert der selbst genutzten Liegenschaft oder Wohnung (Einfamilienhaus, Stockwerkeigentumswohnung, Geschäftshaus und Geschäftsräume). Als Eigenmietwert sind beim Kanton 3.5% des Steuerwertes und beim Bund 4.025% des Steuerwertes (= Zuschlag von 15% auf dem kantonalen Eigenmietwert) einzusetzen.
9) Zwischentotal
Massgebend für die Berechnung der Pauschale für die Liegenschaftskosten sowie für die Berechnung des Steuerwertes von vermieteten und verpachteten Grundstücken und Liegenschaften.
10) Liegenschaftskosten
Abziehbar sind die Unterhaltskosten, die Versicherungsprämien und die Kosten für die Verwaltung durch Dritte (ohne die bei vermieteten Liegenschaften an die Mieterschaft weiter verrechneten Nebenkosten). Es ist eine Aufstellung beizulegen. Die Abzüge können für jede Liegenschaft entweder auf Grund einer Pauschale oder der tatsächlichen Aufwendungen geltend gemacht werden. Die Pauschale wird in Prozent des Eigenmiet-wertes oder der Miet- und Pachtzinsen berechnet und beträgt 10%, wenn das Gebäude zu Beginn der Steuerperiode nicht älter als zehn Jahre ist bzw.

20%, wenn es älter als zehn Jahre ist. Ein Pauschalabzug ist bei Geschäftsliegenschaften nicht zulässig.
Quelle:
http://www.steuerverwaltung.bs.ch/steuererklaerung/natuerliche-personen/steuererklaerung-2016/formulare.html

11.6   Einnahme-Überschuss-Rechnung

Zur Vorbereitung der Steuererklärung legen Sie sich eine Excel-Arbeitsmappe an. Um eine große Übersichtlichkeit Ihrer Einnahmen und Ausgaben zu gewährleisten, empfehle ich die Einrichtung der folgenden Arbeitsblätter:

o   Einnahmenübersicht
o   Ausgabenübersicht
o   Zinsen
o   Erhaltung
o   Müll
o   Wasser
o   Energie
o   Versicherungen und Schornsteinfeger
o   Betreuung
o   Verwaltung
o   Werbung

Sie haben einen schnellen Überblick über die einzelnen Kostenarten und können deren Entwicklung im Laufe der Jahre schnell vergleichen. Außerdem folgt die Gruppierung dem Steuerformular Anlage V in Deutschland, so dass Sie die Summen lediglich zu übertragen brauchen.

Vorab wird die Berechnung der Abschreibung benötigt. Das Haus wird linear abgeschrieben, es ist also in jedem Jahr der gleiche Betrag. Deshalb wird dieser Punkt nicht Bestandteil der Tabelle.

11.6.1   Berechnung der Abschreibung

für das Beispielhaus an der Ostsee

Position	Betrag
Kaufpreis des Hauses	320.000,00 €
Makler	20.000,00 €
Notarkosten, Grundbuch	4.800,00 €
Grunderwerbsteuer	18.850,00 €
Renovierung	10.000,00 €
Zwischensumme	373.650,00 €
abzgl. 35,4 % für Grund und Boden, ermittelt nach Bodenwertrichtlinien	132.272,10 €
Gebäudeanteil	241.377,90 €
AfA 2,5% pro Jahr	6.034,45 €
Anteilig für das Rumpfjahr ab 01.02.	5.531.58 €

Tabelle 18: Berechnung der Abschreibung für das Beispielhaus

Makler-, Notar- und Grundbuchkosten, ebenso die Grunderwerbsteuer gehören zu den Anschaffungskosten der Immobilie und müssen zusammen mit dem Haus abgeschrieben werden. Vorher wird der auf den Grund und Boden entfallene Teil der Kosten heraus gerechnet. Das Grundstück nutzt sich nicht ab, es verliert im Laufe der Jahre nicht an Wert, deshalb wird in der Abschreibung für Abnutzung lediglich das Haus erfasst.

11.6.2   Mieteinnahmen

Bevor die Werbungskosten auf der zweiten Seite der Anlage V in die dafür erstellten Tabellen gesammelt werden, stellen Sie die Mieteinnahmen auf einem Arbeitsblatt zusammen. Nehmen Sie die Namen der Gäste, die Zeiträume und die Anzahl der Nächte gern dazu, Sie benötigen diese Angaben für Ihr persönliches Controlling, um zu sehen, wie sich die Belegung im Laufe der Jahre entwickelt – und für die Erklärung der

Zweitwohnungssteuer. Außerdem ist es wesentlich übersichtlicher als lediglich die Kolonnen der Umsatzzahlen. Sie geben den Bruttoumsatz ein, also die Miete incl. Umsatzsteuer zzgl. Einnahmen für die Reinigung und möglicherweise Kurtaxe.

Wenn Sie alles richtig gemacht haben, das Wetter im entsprechenden Jahr mitspielt und Sie auch noch ein bisschen Glück haben, dann können Ihre Umsatzzahlen wie in der nachfolgenden Tabelle aussehen.

Die Kalkulation wurde für 180 vermietete Nächte pro Jahr erstellt.

Einnahmen Beispiel-Doppelhaus an der Ostsee 2016						
Haushälfte 1				Haushälfte 2		
Zeitraum	Miete	Nächte		Zeitraum	Miete	Nächte
31.12.-04.01.	360,00 €	4		31.12.-05.01.	450,00 €	5
24.-31.03.	630,00 €	7		13.-20.02.	450,00 €	7
08.-22.05.	1.050,00 €	14		24.-31.03.	630,00 €	7
22.-27.05.	375,00 €	5		02.-07.04.	375,00 €	5
28.05.-05.06.	675,00 €	8		14.-21.05.	525,00 €	7
05.-19.06.	1.260,00 €	14		22.-05.-05.06.	1.125,00 €	14
26.06.-02.07.	540,00 €	6		05.-19.06.	1.260,00 €	14
03.-10.07	630,00 €	7		19.06.-02.07.	1.260,00 €	14
10.-17.07.	630,00 €	7		03.-10.07.	630,00 €	7
17.-24.07.	630,00 €	7		10.-17.07.	630,00 €	7
24.-31.07.	630,00 €	7		17.-24.07.	630,00 €	7
31.07.-21.08.	1.890,00 €	21		24.-31.07.	630,00 €	7
21.08.-04.09.	1.260,00 €	14		31.07.-21.08.	1.890,00 €	21
04.-12.09.	720,00 €	8		21.-28.08.	630,00 €	7
12.-28.09.	1.440,00 €	16		28.08.-04.09.	630,00 €	7
02.-10.10.	600,00 €	8		05.-18.09.	1.170,00 €	13
10.-14.10.	300,00 €	4		19.-29.09.	900,00 €	10
14.-23.10.	675,00 €	9		08.-10.10.	150,00 €	2
30.10.--06.11.	525,00 €	7		16.-23.10.	525,00 €	7
12.-16.11	300,00 €	4		30.10.-06.11.	525,00 €	7
27.-31.12.	360,00 €	4		12.-16.11.	300,00 €	4
				27.-31.12.	360,00 €	4
Nächte		181				183
Summe	15.480,00 €			Summe	15.675,00 €	
				Gesamtsumme	31.155,00 €	

Hinzu kommen die Umsätze für die Reinigungspauschale, die die Gäste zahlen:
43x 75,- € = 3.225,00 €

Einnahmen	Ausgaben	Zinsen	Erhaltung	Müll	Wasser	Energie	Vers_Schornst	Betreuung

Tabelle 19: Jahreseinnahmen 2016 für das Beispielhaus

Die Gesamtkostenübersicht folgt der Aufteilung der Werbungskosten in der Anlage V. Sie haben alle Kosten im Überblick, können sie einfach in das Formular übertragen und die Entwicklung über die Jahre vergleichen. Am unteren Rand der Tabelle 20 finden Sie eine Übersicht der einzelnen Excel-Tabellen, die Sie anlegen sollten.

Gesamtkostenübersicht Beispielhaus an der Ostsee 2016			
			Summe Zeilen 3 - 7
1	Schuldzinsen	12.973,00 €	
2	Erhaltungaufwand	2.976,26 €	
3	Grundsteuer, Straßenreinigung, Müll	471,95 €	
4	Wasser, Entwässerung	144,68 €	
5	Heizung, Warmwasser	3.075,32 €	
6	Schornsteinfeger, Hausversicherung	774,72 €	
7	Hauswart (Betreuung), Reinigung	3.275,06 €	7.741,73 €
8	Verwaltungskosten	720,59 €	
9	Sonstiges / Werbung	525,11 €	
	Summe	**24.936,69 €**	

Tabelle 20: Übersicht der Kosten eines Jahres

Die Positionen der Zeilen drei bis sieben - summiert in der rechten Spalte - werden für das Steuerformular zusammengefasst. Für Ihr Controlling haben Sie detailliert eine aussagekräftigere Übersicht über die Kosten Ihres Hauses.

Mit den nachfolgenden Tabellen der Einzelkosten haben Sie Vorlagen, wie Sie die Tabellen gestalten können und welche Kosten relevant sind, damit Sie kräftig Steuern sparen können. Alle Kosten sind in realistischen Größenordnungen aufgeführt. Die Darlehenszinsen beziehen sich auf Verträge, die 2014 abgeschlossen wurden.

11.6.3 Zinsen

Die Darlehenszinsen verteilen sich auf oftmals auf zwei Kredite, dies ist ein übliches Prozedere bei der Finanzierung einer Immobilie. Hier wird mit 3,56% effektiv auf die gesamte Investitionssumme von 375.000 Euro gerechnet. Als Laufzeit werden 25 Jahre angenommen.

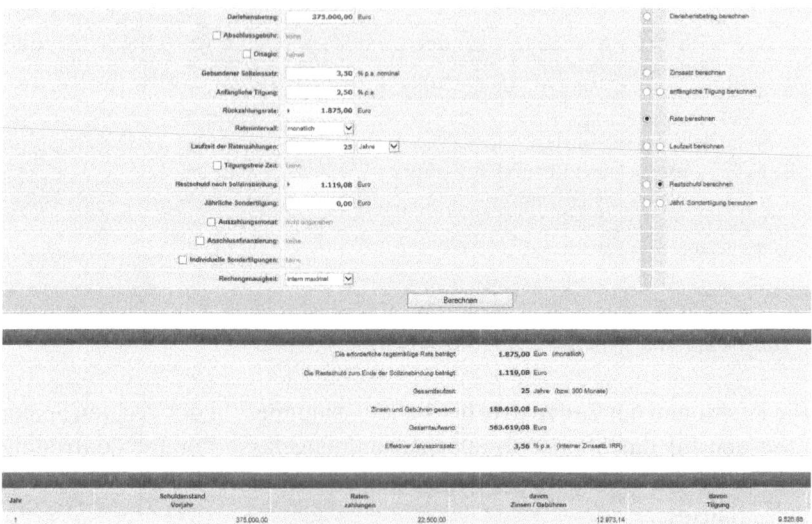

Tabelle 21: Zinsberechnung, Quelle des Rechner-Tools: zinsen-berechnen.de

Außerdem können Sie die Sollzinsen des Verwaltungskontos für die Mieteinnahmen geltend machen. Vermutlich werden Sie anfangs kein Dispositionslimit eingeräumt bekommen, doch wenn regelmäßig Mietzahlungen auf das Konto eingehen, ist dieses möglich und sinnvoll.

11.6.4 Erhaltungsaufwand

Im ersten Jahr entstehen vermutlich geringe Kosten, Sie haben renoviert und vieles neu angeschafft. Doch im Laufe der Jahre werden Sie regelmäßig renovieren und verschönern - insbesondere wenn Sie kein neues Haus gekauft haben.

Putzmittel, mögliche Aufmerksamkeiten zur Begrüßung wie Blumen, Obst, Wein oder Betthupferl gehen in diese Kosten ein.

Datum	Bezeichnung	Betrag
07.01.	Klempner	1.044,33 €
07.01.	Putzmittel	8,64 €
28.01.	Baumarkt	18,95 €
28.01.	Baumarkt	2,99 €
29.01.	Baumarkt	267,89 €
04.02.	Putzmittel	13,22 €
06.02.	Baumarkt	27,38 €
26.02.	Baustelle	85,77 €
03.02.	Baumarkt	113,75 €
27.02.	Baumarkt	128,86 €
01.03.	Baumarkt	14,98 €
13.03.	Baustelle	72,52 €
13.03.	Baumarkt	3,98 €
27.03.	Baustelle	57,38 €
29.03.	Baumarkt	44,04 €
29.03.	Baustelle	17,49 €
03.04.	DVD	5,00 €
24.04.	Baustelle	51,47 €
29.04.	Baumarkt	18,98 €
30.04.	Baustelle	55,63 €
30.04.	Küche	10,50 €
30.04.	Baumarkt	38,76 €
30.04.	Putzmittel	45,98 €
25.05.	Klempner	398,95 €
24.07.	Wein, Blumen	42,71 €
24.07.	Putzmittel	18,18 €
14.08.	Spiele	23,97 €
14.08.	Bewirtung	27,70 €
27.08.	Einrichtung	34,13 €
27.08.	Baumarkt	66,42 €
23.10.	Baustelle	112,62 €
25.10.	Putzmittel	10,79 €
25.10.	Einrichtung	19,90 €
20.11.	Blumen	16,50 €
28.07.	Baumarkt	55,90 €
Summe		**2.976,26 €**

Tabelle 22: Übersicht über die Kosten der Erhaltung der Immobilie

11.6.5 Grundsteuer und Müllgebühren

Den Grundsteuerbescheid und die Rechnung über die Müllgebühren erhalten Sie am Anfang des Jahres. Es werden die Gesamtsummen ausgewiesen, die vierteljährlich fällig sind. Empfehlenswert ist, diese abbuchen zu lassen.

**Grundsteuer, Straßenreinigung, Müllgebühren
für das Beispielhaus an der Ostsee**

Datum	Bezeichnung	Betrag
09.01.	Grundabgaben, Klärgrubenleerung	200,75 €
19.01.	Haus- und Biomüll	271,20 €
	Summe	**471,95 €**

Tabelle 23: Grundsteuer und Müllgebühren

11.6.6 Wasserkosten

Aus der Jahresrechnung übernehmen Sie den Betrag in Ihre Tabelle. Auf dem Land können Gebühren wie in diesem Beispiel vom Wasser-Bodenverband hinzukommen, die sehr niedrig sind.

Wasserkosten für das Beispielhaus an der Ostsee

Datum	Bezeichnung	Betrag
30.10.	WBV Mittelangeln	129,78 €
10.06.	Wasser-Bodenverband	14,90 €
	Summe	**144,68 €**

Tabelle 24: Wasserkosten des Beispielhauses

11.6.7 Energiekosten

Die Energiekosten übernehmen Sie aus Ihren Jahresrechnungen der Energieversorger. Holen Sie vor der Anmeldung gern mehrere Angebote ein bzw. vergleichen Sie die Preise.

Kosten für Strom und Gas für das Beispielhaus		
Datum	Bezeichnung	Betrag
17.09.	Strom Haushälfte 1	287,06 €
14.04.	Flüssiggas	2.389,00 €
24.04.	Strom Haushälfte 2	399,26 €
Summe		**3.075,32 €**

Tabelle 25: Energiekosten

11.6.8 Versicherungen und Schornsteinfeger

Die Gebäudeversicherung ist so hoch, da es sich in dem Beispiel um ein Haus mit einem Reetdach handelt. Die Prämie liegt bei einem Haus mit Dachsteinen oder Eternit bei lediglich ungefähr 50 Prozent der hier aufgeführten Prämie.

Versicherungen und Schornsteinfeger für das Beispielhaus		
Datum	Bezeichnung	Betrag
01.01.	Gebäudeversicherung, Reethaus	480,00 €
01.01.	Inhaltversicherung	79,82 €
01.01.	Versicherung, Betriebsunterbrechung	35,16 €
01.10.	Versicherung, Haus- und Grundbesitzerhaftpflicht	91,64 €
11.09.	Schornsteinfeger	88,10 €
Summe		**774,72 €**

Tabelle 26: Jährliche Versicherungskosten und Gebühren des Schornsteinfegers

11.6.9 Betreuung, Reinigung und Gartenpflege

Die Kosten für die Reinigung werden von den Gästen bezahlt.

Betreuung, Reinigung und Gartenpflege für das Beipielhaus an der Ostsee		
Datum	Bezeichnung	Betrag
07.01.	Betreuung und Reinigung	80,00 €
28.01.	Betreuung und Reinigung	170,00 €
13.02.	Betreuung und Reinigung	142,50 €
15.04.	Betreuung und Reinigung	130,00 €
14.05.	Betreuung und Reinigung	120,00 €
11.06.	Betreuung und Reinigung	357,50 €
16.07.	Betreuung und Reinigung	265,00 €
29.07.	Betreuung und Reinigung	500,00 €
28.08.	Betreuung und Reinigung	222,00 €
30.09.	Betreuung und Reinigung	307,45 €
03.11.	Betreuung und Reinigung	220,61 €
10.12.	Betreuung und Reinigung	200,00 €
20.12.	Gartenpflege gesamte Saison	560,00 €
Summe		**3.275,06 €**

Tabelle 27: Übersicht der Kosten für Betreuung und Gartenpflege

Tipp
Berechnen Sie den Gästen dreißig Euro mehr, als die
Betreuung durchschnittlich pro Reinigung verdient,
denn sie bekommt zusätzlich die Pauschale,
außerdem bezahlen Sie die Reinigungsmittel und auch die
Bettwäsche verschleißt.
So ist ein Großteil der Kosten gedeckt.

11.6.10 Verwaltungskosten

Wenn Sie selbst vermieten, fallen hier Kontoführungsgebühren, Kosten für das Büro samt Ausstattung und Bürobedarf, also Papier, Briefumschläge, Druckertinte und Porto an. Außerdem müssen Sie GEZ-Gebühren und Zweitwohnungssteuer zahlen.

Verwaltungskosten für das Beispielhaus an der Ostsee

Datum	Bezeichnung	Betrag
02.02.	Kontoführung	7,50 €
02.03.	Kontoführung	8,25 €
01.04.	Kontoführung	7,55 €
04.05.	Kontoführung	8,00 €
02.06.	Kontoführung	8,00 €
01.07.	Kontoführung	9,05 €
03.08.	Kontoführung	8,25 €
01.09.	Kontoführung	8,55 €
01.10.	Kontoführung	11,01 €
01.11.	Kontoführung	7,50 €
01.12.	Kontoführung	7,80 €
30.12.	Kontoführung	7,25 €
	Portokosten	70,00 €
	Bürobedarf	80,00 €
	GEZ	71,88 €
	Zweitwohnungssteuer	400,00 €
Summe		**720,59 €**

Tabelle 28: Verwaltungskostenübersicht

Die Zweitwohnungssteuer ist eine Kommunalsteuer. Sie wird von der Gemeinde mittels Satzung festgelegt und berechnet sich aus einem Prozentsatz der Jahresrohmiete und Ihrer Auslastung. In günstigen Regionen werden Ihnen bei einer guten Belegung ca. 100,- € pro Jahr berechnet, andere Gemeinden stellen Ihnen Beträge um 400,- € jährlich in Rechnung – so auch zahlreiche Bezirke an der Ostseeküste. Bei Beauftragung einer Agentur unter Ausschluss der Eigennutzung besteht eine gute Chance auf Befreiung von dieser Steuer.
In diesem Fall tragen Sie die Kosten für die Leistung der Agentur ein.

11.6.11 Kosten für Werbemaßnahmen

In dieser Tabelle sammeln Sie die Kosten für Ihre Anzeigen auf den Ferienportalen im Internet, in Gastgeberverzeichnissen und/oder Zeitschriften und Zeitungen. Die Kosten Ihres Providers Ihrer Website gehören ebenfalls dazu.

Werbungskosten für das Bespielhaus an der Ostsee		
Datum	Bezeichnung	Betrag
11.09.	Ferienportal 1	66,64 €
18.06.	Ferienportal 2	384,61 €
01.10.	Providerkosten für die Website	24,00 €
01.10.	Flyerdruck	49,86 €
	Summe	525,11 €

Tabelle 29: Kosten für die Werbung

Abschließend füllen Sie die Anlage V mit Ihren Zahlen aus und die Steuererklärung für die Ferienimmobilie ist fertig.
Das Haus in diesem Beispiel wird bereits seit einigen Jahren vermietet. Es liegen gute Belegungszahlen und Umsätze vor. Des Weiteren wurde in diesem Jahr eine größere Summe in die Erhaltung des Hauses investiert. Es wird der volle Abschreibungsbetrag angesetzt.
Wie Sie in dem Formular sehen, tragen Sie lediglich volle Beträge ein, runden Sie die Nachkommastellen auf oder ab.

Reichen Sie die Anlage V zusammen mit Ihrer Einkommensteuererklärung ein. Fügen Sie Kopien der Zinsbescheinigungen Ihrer Darlehen hinzu und verwahren Sie die weiteren Belege 10 Jahre lang. Das Finanzamt will sie lediglich im Falle einer Steuerprüfung sehen.

So sieht das Ergebnis aus:

11.7 Ihre ausgefüllte Anlage V für die Steuererklärung

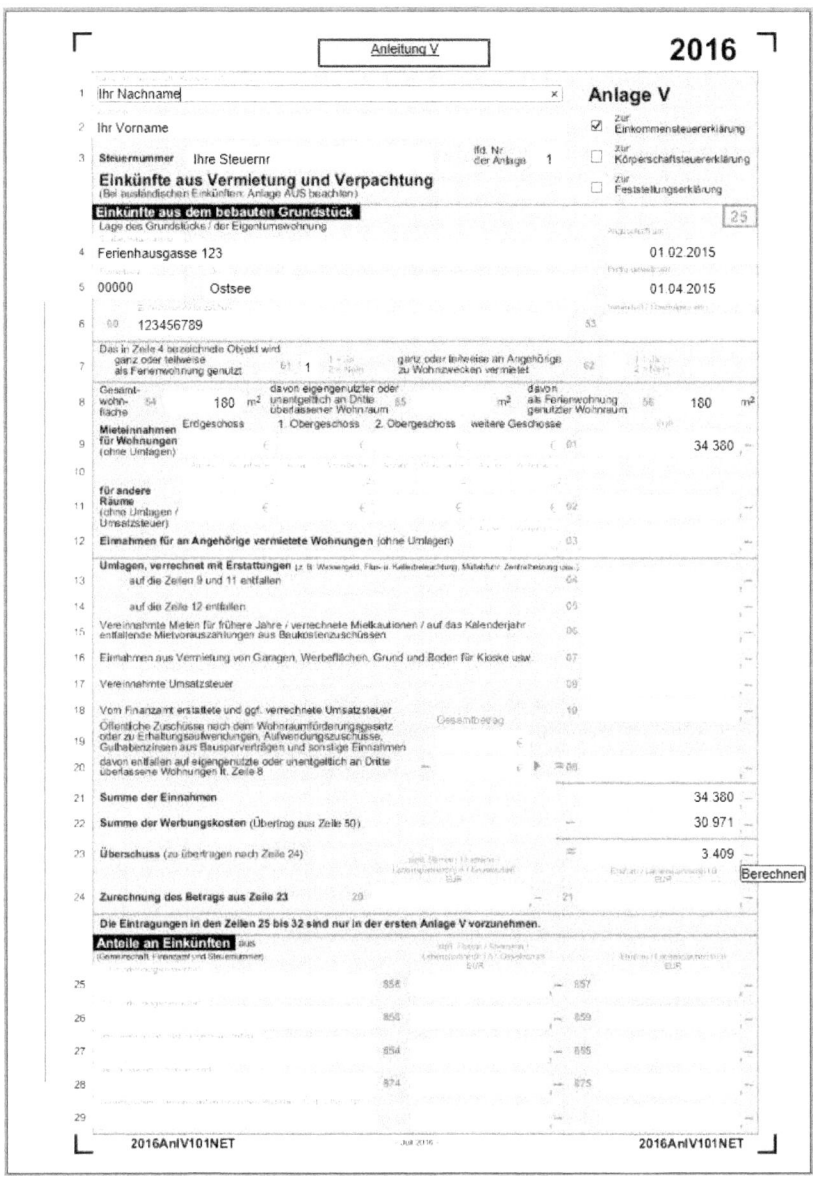

Abbildung 23: Ausgefüllte Seite 1 der Anlage V der Steuererklärung

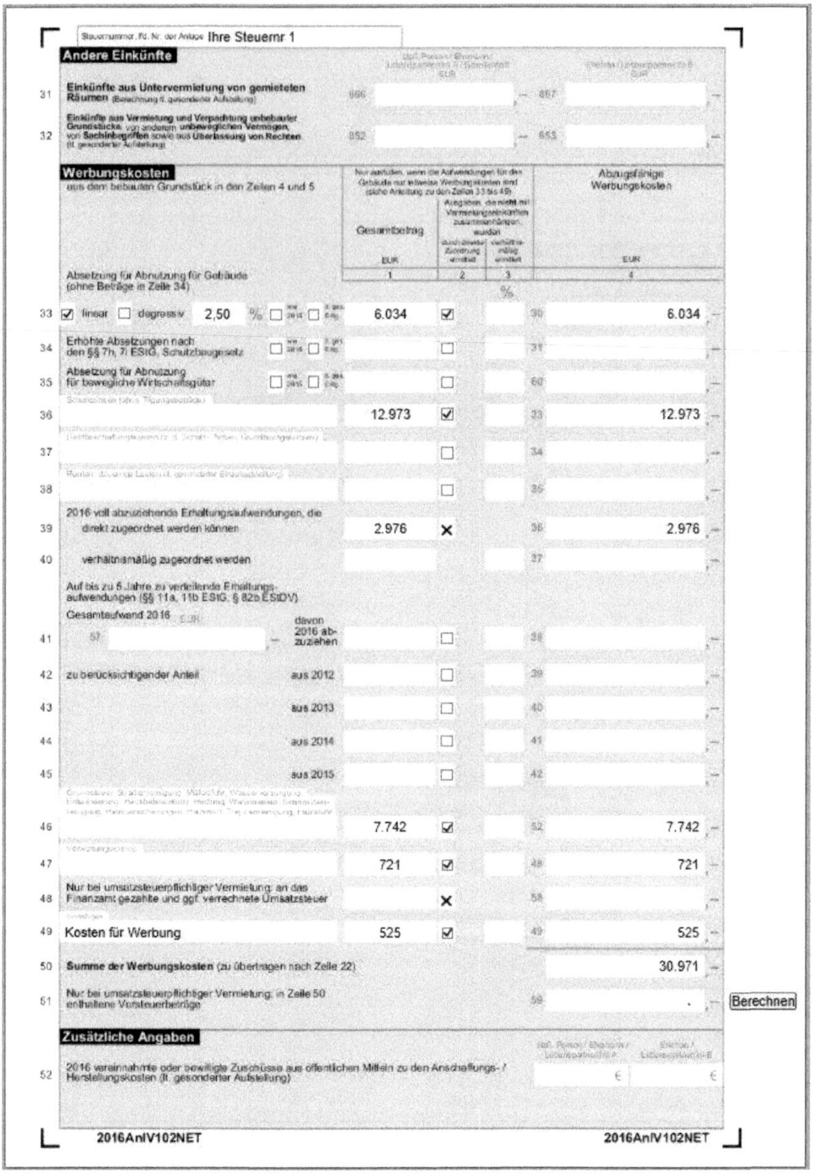

Steuernummer, lfd. Nr. der Anlage Ihre Steuernr 1

Andere Einkünfte

Zeile			Stpfl. Person / Ehemann / Lebenspartner(in) A / Gesellschaft EUR		Ehefrau / Lebenspartner(in) B EUR
31	**Einkünfte aus Untervermietung von gemieteten Räumen** (Berechnung lt. gesonderter Aufstellung)	856		857	
32	**Einkünfte aus Vermietung und Verpachtung unbebauter Grundstücke**, von anderem **unbeweglichen Vermögen**, von **Sachinbegriffen** sowie aus **Überlassung von Rechten** (lt. gesonderter Aufstellung)	852		853	

Werbungskosten

aus dem bebauten Grundstück in den Zeilen 4 und 5

Zeile		Gesamtbetrag EUR (1)	durch direkte Zuordnung ermittelt (2)	verhältnismäßig ermittelt (3)		Abzugsfähige Werbungskosten EUR (4)
33	Absetzung für Abnutzung für Gebäude (ohne Beträge in Zeile 34): ☑ linear ☐ degressiv 2,50 % ☐ ☐	6.034	☑		30	6.034
34	Erhöhte Absetzungen nach den §§ 7h, 7i EStG, Schutzbaugesetz ☐ ☐		☐		31	
35	Absetzung für Abnutzung für bewegliche Wirtschaftsgüter ☐ ☐		☐		60	
36	Schuldzinsen (ohne Tilgungsbeträge)	12.973	☑		33	12.973
37	Geldbeschaffungskosten (z. B. Schätz-, Notar-, Grundbuchgebühren)		☐		34	
38	Renten, dauernde Lasten (lt. gesonderter Einzelaufstellung)		☐		35	
39	2016 voll abzuziehende Erhaltungsaufwendungen, die direkt zugeordnet werden können	2.976	×		36	2.976
40	verhältnismäßig zugeordnet werden				37	
41	Auf bis zu 5 Jahre zu verteilende Erhaltungsaufwendungen (§§ 11a, 11b EStG, § 82b EStDV) Gesamtaufwand 2016 EUR 57 – davon 2016 abzuziehen		☐		38	
42	zu berücksichtigender Anteil aus 2012		☐		39	
43	aus 2013		☐		40	
44	aus 2014		☐		41	
45	aus 2015		☐		42	
46	Grundsteuer, Straßenreinigung, Müllabfuhr, Wasserversorgung, Entwässerung, Hausbeleuchtung, Heizung, Warmwasser, Schornsteinreinigung, Hausversicherungen, Hauswart, Treppenreinigung, Fahrstuhl	7.742	☑		52	7.742
47	Verwaltungskosten	721	☑		48	721
48	Nur bei umsatzsteuerpflichtiger Vermietung: an das Finanzamt gezahlte und ggf. verrechnete Umsatzsteuer		×		58	
49	Sonstiges: Kosten für Werbung	525	☑		49	525
50	**Summe der Werbungskosten** (zu übertragen nach Zeile 22)					30.971
51	Nur bei umsatzsteuerpflichtiger Vermietung: in Zeile 50 enthaltene Vorsteuerbeträge				59	.

Berechnen

Zusätzliche Angaben

Zeile		Stpfl. Person / Ehemann / Lebenspartner(in) A	Ehefrau / Lebenspartner(in) B
52	2016 vereinnahmte oder bewilligte Zuschüsse aus öffentlichen Mitteln zu den Anschaffungs- / Herstellungskosten (lt. gesonderter Aufstellung)	€	€

2016AnlV102NET 2016AnlV102NET

Abbildung 24: Ausgefüllte Seite 2 der Anlage V der Steuererklärung

11.8   Interpretation des Ergebnisses

In diesem Beispiel ist das Haus erst das erste komplette Jahr am Markt. Die Belegungszahlen entsprechen der Kalkulation. Da gerade alles neu renoviert und eingerichtet wurde sind die Erhaltungskosten in diesem Jahr niedrig.

Trotz Einbeziehung der Abschreibung erzielt das Haus steuerlich einen kleinen Gewinn, der hier für die Deckung der Tilgungsbeträge zur Verfügung steht, die eine Privatausgabe darstellen und steuerlich nicht geltend gemacht werden können.

Eine Steuerersparnis ergibt sich in diesem Jahr nicht. Sie haben aber Ihre Kosten gedeckt und bauen Vermögen auf.

Bei Vermietung über eine Agentur werden dafür Kosten in Höhe von ca. 5.600 Euro zzgl. MwSt. fällig. In diesem Fall haben Sie auf dem Papier einen Verlust, der die Steuerlast Ihres originären Einkommens verringert.

Es lohnt sich außerdem in den umsatzstarken Jahren nachhaltige Investitionen zu tätigen, Sie steigern den Wert Ihres Hauses und sparen gleichzeitig Steuern.

Wichtig außerdem
Sie haben die Kosten Ihres Hauses gedeckt, d.h. Sie bauen Vermögen auf, ohne aus Ihrem originären Einkommen etwas beizusteuern.

Kompakte Zusammenfassung des elften Schrittes

<table>
<tr><td rowspan="3">Steuern sparen</td><td>Voraussetzung für die steuerliche Abzugsfähigkeit der Werbungskosten ist die Gewinnerzielungsabsicht. Basis ist, dass aus einer Ertragsprognose hervorgeht, dass Sie innerhalb von 30 Jahren Mietüberschüsse erwirtschaften.</td></tr>
<tr><td>Denkmalschutzimmobilien sind ein Sonderfall. Sie können jedoch zu besonders hohen Steuerersparnissen führen. Wichtig ist, dass Sie sich an alle Richtlinien und Fristen halten. Entsprechende Anträge müssen gestellt werden.</td></tr>
<tr><td>Sammeln Sie alle Belege der Kosten, die Sie geltend machen wollen und tragen Sie die Summen in Excel-Tabellen ein. Sie behalten die Übersicht und können die Zahlen schließlich in die Steuerformulare übertragen – ergänzt um die Mieteinnahmen ist die Steuererklärung schnell fertig.</td></tr>
</table>

Schlusswort

Ja, das Projekt „Vermögensaufbau und Steuerersparnis mit erfolgreicher Vermietung von Ferienimmobilien" ist so komplex wie dieser Titel. Um beurteilen zu können für welche Bereiche Sie bereits das KnowHow besitzen und für welche Themen Sie für den Anfang Unterstützung benötigen, schauen Sie noch einmal auf die kompakte Übersicht der elf Schritte zu Ihrem Erfolg:

1. Auswahl der Immobilie
2. Wirtschaftlichkeitsberechnung
3. Finanzierung
4. Einrichtung und Ausstattung
5. Vermarktung
6. Verwaltung
7. Betreuung vor Ort
8. Gäste
9. Erhaltung und Wertsteigerung
10. Versicherungen
11. Steuern sparen

An zahlreichen Stellen des Ratgebers wurde auf Fachleute verwiesen, die Sie zu den einzelnen Bereichen beraten können.

Gern begleite ich Sie auf dem Weg zu Ihrer erfolgreichen Ferienimmobilie über diesen Ratgeber hinaus.
Nehmen Sie Kontakt zu mir auf, ich berate und/oder coache Sie gern!

Ich wünsche Ihnen viel Spaß und Erfolg bei Ihrem Projekt!
Stefanie Schreiber

Über die Autorin

Stefanie Schreiber, Jahrgang 1966, ist Diplom-Kauffrau, Wirtschaftsjournalistin und Fachautorin.

Als Inhaberin ihrer Firma servitus Wirtschaftsberatung und Coaching berät sie seit 1994 Firmen und Privatpersonen in betriebswirtschaftlichen Fragen. Dabei hat sich der Schwerpunkt zum Thema Vermögensaufbau mittels Immobilien entwickelt. Sie führt dazu Seminare und Coachings durch.

Des Weiteren ist sie Mitbegründerin eines Systemhauses für IT-Dienstleistungen, dessen Geschäfte sie seit 20 Jahren führt.

Um Ihre Altersvorsorge zu sichern, erfüllte sich Stefanie Schreiber im Sommer 1999 mit dem Kauf ihres ersten Doppelhauses einen Traum und legte damit den Grundstein für einen neuen Geschäftszweig. Eineinhalb Jahre sammelte sie intensiv Erfahrungen, indem sie nicht nur die Vermietung und Verwaltung in Eigenregie machte, sondern auch die Betreuung des Objektes vor Ort selbst übernahm. Sie entdeckte ihre Leidenschaft für das Innendesign der Räume und legt auch bei der Renovierung gern selbst Hand an. Durch den intensiven Kontakt zu den Gästen erfuhr sie viel über deren Erwartungen an eine Ferienimmobilie und deren Bedürfnisse während eines Urlaubes in einem Feriendomizil.
Da sie mit der Vermietung der ersten beiden Wohneinheiten innerhalb kürzester Zeit großen wirtschaftlichen Erfolg verzeichnete, investierte sie bereits eineinhalb Jahre später in ein weiteres Doppelhaus. Damit war es nicht mehr möglich, die Objekte selbst zu betreuen und sie delegierte diese Aufgabe an Mitarbeiter vor Ort.

Stefanie Schreiber bietet Beratung und Coaching in dem Bereich des Vermögensaufbaus mittels Immobilien mit dem Ziel der finanziellen Unabhängigkeit im Alter an. Dabei ist natürlich die erfolgreiche Vermietung von Ferienimmobilien ein Schwerpunkt. Viele Aspekte sind jedoch für eine selbst genutzte Wohnung oder ein Haus analog anzuwenden.

Sie kann auch Sie von der Auswahl der Immobilie über die Erstellung eines Business Planes, dessen Vorstellung und die Verhandlung mit der Bank und die Einrichtung bis zur erfolgreichen Vermarktung des Domizils unterstützen.

Weitere Informationen finden Sie unter www.servitus.de.

Anhang

Quellen, Informationen, Websites

Immobilienportale, die Sie für die Suche nach Ihrer Immobilie nutzen können
Deutschland
     www.immobilienscout24.de
     www.immonet.de
     www.immowelt.de
Österreich
     www.immobilienscout24.at
     www.immonet.at
     www.immowelt.at
Schweiz
     www.immobilienscout24.ch
     www.immonet-schweiz.ch
     www.immowelt.ch

Ferienportale für Ihre Recherche und für die Vermarktung Ihrer Immobilie
Deutschland
     www.traum-ferienwohnungen.de
     www.fewo-direkt.de
     www.ferienhausmiete.de
     www.hundeurlaub.de
Österreich
     www.homeaway.at (entspricht fewo-direkt)
     www.oesterreich-travel.com
     www.kaernten-ferienwohnungen.com
Schweiz
     www.traum-ferienwohnungen.ch
     www.homeaway.com
     www.ferienhaus.ch

Energieausweis
Weiterführende Informationen zum Energieausweis:
Deutschland
    auf der Seite des Bundesministeriums für Verkehr, Bau und
    Stadtentwicklung unter
    http://www.bmvbs.de/DE/BauenUndWohnen/Energieeffizient
    eGebaeude/Energieausweis/energieausweis_node.html
    Die Broschüre ‚Energieausweis für Gebäude - nach
    Energieeinsparverordnung (EnEV 2009)‘ kann auf dieser
    Website bestellt werden.
  Österreich
    Energieausweis-Vorlage-Gesetz
    https://www.help.gv.at/Portal.Node/hlpd/public/content/21/S
    eite.210400.html
Schweiz
    Gebäudeenergieausweis der Kantone (GEAK):
    http://www.geak.ch

Kindersicherheit
Weiterführende Informationen gibt die Bundesarbeitsgemeinschaft
Mehr Sicherheit für Kinder e.V. unter
www.kindersicherheit.de

Portal rund um Finanzen:
‚Online-Rechner für die individuelle Finanzplanung‘
Sie können hier Kapitalbedarf, Nebenkosten beim Immobilienkauf,
Kaufen statt Mieten berechnen lassen. Sie finden Angaben über die Höhe
der Grunderwerbsteuer in den verschiedenen Bundeländern und vieles
mehr.
www.zinsen-berechnen.de

Digitaldruck für Ihre Flyer, Post- und Visitenkarten
Selbstverständlich können Sie weitere Streuartikel herstellen lassen und
verteilen.
Deutschland, Österreich und Schweiz
    www.unitedprint.de .at .ch
    www.vistaprint.de .at .ch

Minijobs auf 450-Euro-Basis
Weiterführende Informationen zu Rechten und Pflichten finden Sie im Internet auf dem Portal der Minijob-Zentrale unter:
www.minijob-zentrale.de.

Denkmalschutz
Informationen rund um denkmalgeschützte Immobilien gibt die Deutsche Stiftung Denkmalschutz unter: www.denkmalschutz.de
Weiterführende Infos zum Thema Steuern:
https://www.vlh.de/wohnen-vermieten/eigentum/denkmalschutz-steuervorteil-dank-abschreibung.html

Formulare für Ihre Steuererklärung
Deutschland
        Bundesministerium für Finanzen
        https://www.formulare-bfinv.de/
Österreich
        http://formulare.bmf.gv.at/service/formulare/inter-
        Steuern/pdfs/2013/E1b.pdf
Schweiz
        http://www.steuern.bs.ch/15173_fw_np_ste_132-
        01_aufstellung_liegenschaftenverzeichnis.pdf

Abbildungsverzeichnis

Tabellenverzeichnis

Bereits von der Autorin erschienen

Erfolgreiche Vermarktung Ihrer Ferienimmobilie
      Wie Sie mit Ihrer Positionierung, Corporate Identity,
      Webpräsenz und Social Media Marketing Ihren
      Vermietungserfolg optimieren

Die Autorin Stefanie Schreiber schreibt betriebswirtschaftlich und praktisch fundiert, wie der Leser Schritt für Schritt sein Marketing aufbauen und sich ohne lange Anlaufphase bereits nach kurzer Zeit einen Marktanteil in seiner Region sichern kann.

Dazu gehören die folgenden Bestandteile:
· Alleinstellungsmerkmal
· Zielgruppenbestimmung
· Preisgestaltung
· Corporate Identity CI

Als Basis für die Neukundengewinnung und das Bestandsmarketing:
· Erstellung professioneller Buchungsunterlagen
· Positionierung im Markt
· Aufbau einer Internetpräsenz durch Online-Broschüren
  auf Ferienportalen und Ihrer eigenen Website
· Nutzung von Social Media Marketing
· Erstellen und Versenden von Newslettern

· Chancen des Bewertungsmarketings
· Reklamationsbehandlung unzufriedener Gäste
· Sterne-Klassifizierung

Schließlich wird die Frage geklärt, welche Aufgaben zu der Verwaltung des Domizils gehören und ob der Leser diese selbst übernehmen oder einer Agentur übertragen sollte.

54 Abbildungen veranschaulichen die betriebswirtschaftlich und praktisch fundierten Ausführungen der Autorin, die bereits in ihrem Studium einen Schwerpunkt auf Marketing legte und seit 1999 erfolgreich mehrere Feriendomizile vermietet.
Die Marketing– und Ferienhaus-Expertin Stefanie Schreiber gibt ihr Erfolgsrezept an ihre Leser weiter, damit diese ihre Ferienimmobilie zu einem Erfolgsprojekt machen können.

240 Seiten,
Print, broschiert: ISBN 978-3-9816455-4-5 für 29,80 €
Ebook, alle Anbieter: ISBN 978-3-9816455-5-2 für 22,99 €
erschienen im servitus Verlag

***

Stefanie Schreiber teilt nicht nur Ihr Erfolgsrezept, sondern lässt Sie auch an ihrer Geschichte und ihren emotionalen Momenten rund um ihre Ferienhäuser teilhaben.

Aus dem Ferienhaus geplaudert
Geschichten und Anekdoten aus dem Alltag der Vermietung

Angefangen mit der Finanzierung des ersten Hauses erlebte die Autorin Stefanie Schreiber spannende Situationen, amüsante sowie traurige Momente, anstrengende Zeiten und große Emotionen. Sie fand Freunde und sich vor Gericht wieder, wurde zur Hobby-Handwerkerin und entdeckte ihre Leidenschaft für das Innendesign und für unterschiedliche Landstriche in Norddeutschland.

Locker-leichte Geschichten aus dem Vermieter-Alltag – serviert in urlaubsgerechten Häppchen. Genau das Richtige für geruhsame Stunden im Ferienhaus.
FeWo-direkt.de, Dtl. führendes Online-Ferienhausportal

„Ich schätze Frau Schreiber als Vermieterin mit Leib und Seele. Ihre amüsanten Kurzgeschichten bringen die besonderen Herausforderungen der Ferienhausvermietung mehr als treffend zum Ausdruck."
Sebastian Mastalka, GF Traum-ferienwohnungen.de

120 Seiten
illustriert mit Fotos und Abbildungen in jedem Kapitel
Print, broschiert: ISBN 978-3-9816455-2-1 für 5,99 €
ebook, alle Anbieter: ISBN 978-3-9816455-3-8 für 2,99 €

Leseproben auf
www.servitus-verlag.de/Unterhaltung.html

Neue Reihe ab 2017

Ihr Ratgeber
Ferienimmobilie aktuell
In 10 Bänden

Band 1: Entscheidung, Kauf und Start mit Ihrer Ferienimmobilie
   Kriterien, Regelungen und Gesetze und Partner für Ihren
   erfolgreichen Start
Band 2: Business Plan und Finanzierung Ihrer Ferienimmobilie
   So berechnen Sie die Wirtschaftlichkeit und präsentieren sie
   erfolgreich Ihrer Bank
Band 3: Sanierung, Renovierung, Einrichtung und Ausstattung
   Wie Sie aus Ihrer Immobilie ein erfolgreiches Feriendomizil
   machen
Band 4: Die Kunden Ihrer Ferienimmobilie: Ihre Gäste
   Zielgruppenbestimmung, Erwartungs- und Bewertungs-
   management, Reklamationsbehandlung

Band 5: Vermarktung der Ferienimmobilie – Überblick über Ihre
        Marketinginstrumente
Band 6: Ihre Ferienimmobilie auf Ferienportalen präsentieren und im
        Markt positionieren
Band 7: Social Media Marketing für Ihre Ferienimmobilie – Facebook &
        Co als Marketinginstrument nutzen
Band 8: Verwaltungsaufgaben Ihrer Ferienimmobilie und
        Betreuung des Domizils vor Ort
Band 9: Steuererklärungen Ihrer Ferienimmobilie und wie Sie Steuern
        sparen können
Band 10: Verkauf Ihrer Ferienimmobilie

Band 1 ist voraussichtlich ab August 2017 erhältlich.

Die Ratgeber werden im Abstand von 3 bis 4 Monaten erscheinen.
120 Seiten broschiert für 14,90 € und als ebook 12,99 €

Zahlreiche Fragen, Anmerkungen und Feedback von Lesern, Kunden aus
Projekten, Besucher meiner Vorträge und Messeauftritte sind in diesen
Bänden aufgegriffen worden. Alle Themen der ersten beiden Ratgeber
werden breiter und noch ausführlicher behandelt.
Zusätzlich haben Sie die Möglichkeit, gezielt die Themen auszuwählen,
die Sie in Ihren Projekten optimieren möchten.

Gern informiere ich Sie per Mail über Erscheinungstermine und
Veranstaltungen.
Schreiben Sie an Stefanie.Schreiber@servitus.de

Folgen Sie mir auf Xing und Facebook:
www.xing.to/servitus
www.facebook.com/servitusWirtschaftsberatung

Haftungsausschluss

Die Haftung für den Textinhalt ist ausgeschlossen. Der Inhalt ersetzt keine Einzelfallberatung durch einen Rechtsanwalt, Steuerberater oder eine andere kompetente Stelle. Die genannten rechtlichen Gegebenheiten erheben nicht den Anspruch der Vollständigkeit. Sie beziehen sich auf die aktuelle Rechtslage und können sich in Zukunft ändern.

Sie haben sich entschlossen in eine Ferienimmobilie investieren und wünschen sich über diesen Ratgeber hinaus eine persönliche Beratung oder ein Coaching? Gern erstelle ich Ihnen einen Business Plan, ein Marketingkonzept oder unterstütze Sie in anderen Bereichen des Projektes „Erfolgreiche Vermietung von Ferienimmobilien".

Ich freue mich auf Ihre Kontaktaufnahme!

servitus Wirtschaftsberatung und Coaching
Stefanie Schreiber
Diplom-Kauffrau
Wirtschaftsjournalistin und Fachautorin

Alter Elbdeich 124
21217 Seevetal-Over
040 69 69 195 -10

Stefanie.Schreiber@servitus.de
www.servitus.de
www.servitus-verlag.de
www.xing.to/servitus
www.facebook.com/servitusWirtschaftsberatung